大宗表

世數	名諱	生卒	配	葬	事迹
一世	泰公 小字玉		汪孺人侍御譜有雙廟祖塋相傳爲孺人墓	檀林山任桐城南鄉映埠保峽山腦陰壁澗丙向汪孺人祔	不磷譜明洪武初自婺源遷桐城
二世	七品	與弟八品一乳生	保慶譜配夏氏葬郭家井坐西	祔葬父墓旁	七品爲榮華股八品爲保慶股
三世	榮一			徵君譜同治五年考定墓在紙	兄弟有子十人誰爲誰子前譜不詳
				槽宼與弟榮二合葬	
四世	富一 諱文富		方氏 朱氏	竹絲宼山在冢源沖祠堂後二孺人祔	
五世	寅 字尙敬 邑庠生		夏氏葬竹絲宼上 朱氏葬祠後山西	冢源沖祠後山東	
六世	澄 字源深		汪氏葬先塋故居青龍紫辰向	光家塝新莊申向	

七世	守德	生宣德乙卯十月二十日子時卒弘治癸亥六月七日未時	蕭氏	光家塝申向　蕭祔	
八世	琢　字宗文		齊氏　胡氏　葬尹東川宅後	口莊稻場後巽向　齊祔	
九世	大漢		孫氏		
十世	紹杰		鄒氏	趙諷小塘頭　鄒祔	
十一世	日濬　字繼泉	生嘉靖丙辰	高氏　生嘉靖甲子九月		日濬父紹寶紹寶父鏉鏉父珍珍琢弟
十二世	鴻霞　字正宇		陳氏		鴻霞父日相日相父紹可紹可父錫錫鏉弟
十三世	彥芳　字鳳鳴	生崇禎癸酉九月廿三日辰時	蔣氏　生崇禎甲戌十二月十二日		彥芳父鴻宗鴻宗鴻霞弟
十四世	世果　字凱仁	生順治庚子三月廿七日亥時			
十五世	植仁　字斐成	生康熙辛酉四月廿九日亥時		朱莊宅後父世德墓旁	植仁守德三子珙之後
十六世	勳蘭　字國馨	生康熙壬寅十月二十日丑時	姚氏　生雍正甲辰八月十九日未時	謝家凹　姚祔	勳蘭父植桃植仁之從父弟師言譜植仁無傳告於廟而立之

十七世 增存 字文起
生乾隆丙子八月二十一日亥時，卒道光庚寅十二月初九日酉時
喬氏 生乾隆甲戌九月十九日巳時，卒道光丙戌九月十九日未時
綱斧譜增存兄增香妻張氏被出，主祀無宗婦，改立增存爲宗子

十八世 字華光
生乾隆丙申十月十九日申時，卒道光壬寅五月一日子時
施氏 生乾隆辛亥七月初六日子時，卒道光壬寅五月廿五日巳時
鐵匠衆小塘東西向，施氏祔

十九世 振家
生嘉慶己卯四月二十日
喬氏 早卒

二十世 本綿 字延附
生同治壬戌七月十三日
某氏

宦學表

富一公房

- 五世 寅 字尚敬，桐城縣學生員
- 六世 清 寅子，字源潔，桐城縣學生員
- 七世 鈺 寅孫，清從子，字不麟，安慶府學生員
- 八世 桓 清孫，字子威，號紫髯，江西南康府星子縣丞
  格 桓從弟，字正夫，號小溪，安慶府學生員
- 九世 銓 寅玄孫，號東汀，廣東惠州巡檢
  自謙 格子，字近川，安慶府學生員
  蘊 寅玄孫，字公達，號裕
- 十世 紹學 寅五世孫，字志道，號松屏，桐城縣學生員
  紹政 紹學弟，字志德，號梅屏，安慶府學廩膳生
  紹文
- 十一世 鼎鉉 紹學從祖父弟子，字河陽，桐城縣學生員
  鼎玉 鼎鉉從弟，字元潤，號華斗，桐城縣學生員
  鼎盛
- 十二世 鴻臣 鼎鉉兄子，字應石，禮部儒士
  鴻度 鼎玉子，字孟休，號嗜泉，禮部儒士
  鴻志 字伯熙，號允升
- 十三世 彥聰 鴻度子，字璧如，號豹岑，桐城縣學生員
  彥琫 鴻度子，字舟之，號酉巖，縣學生員
  彥珊 鴻度

桐城吳先生日記

宗學表

五世 寅

六世 清

七世

八世 桓

九世

十世

十一世

十二世

十三世

十八世 字華光

十九世 振家

二十世 本湘

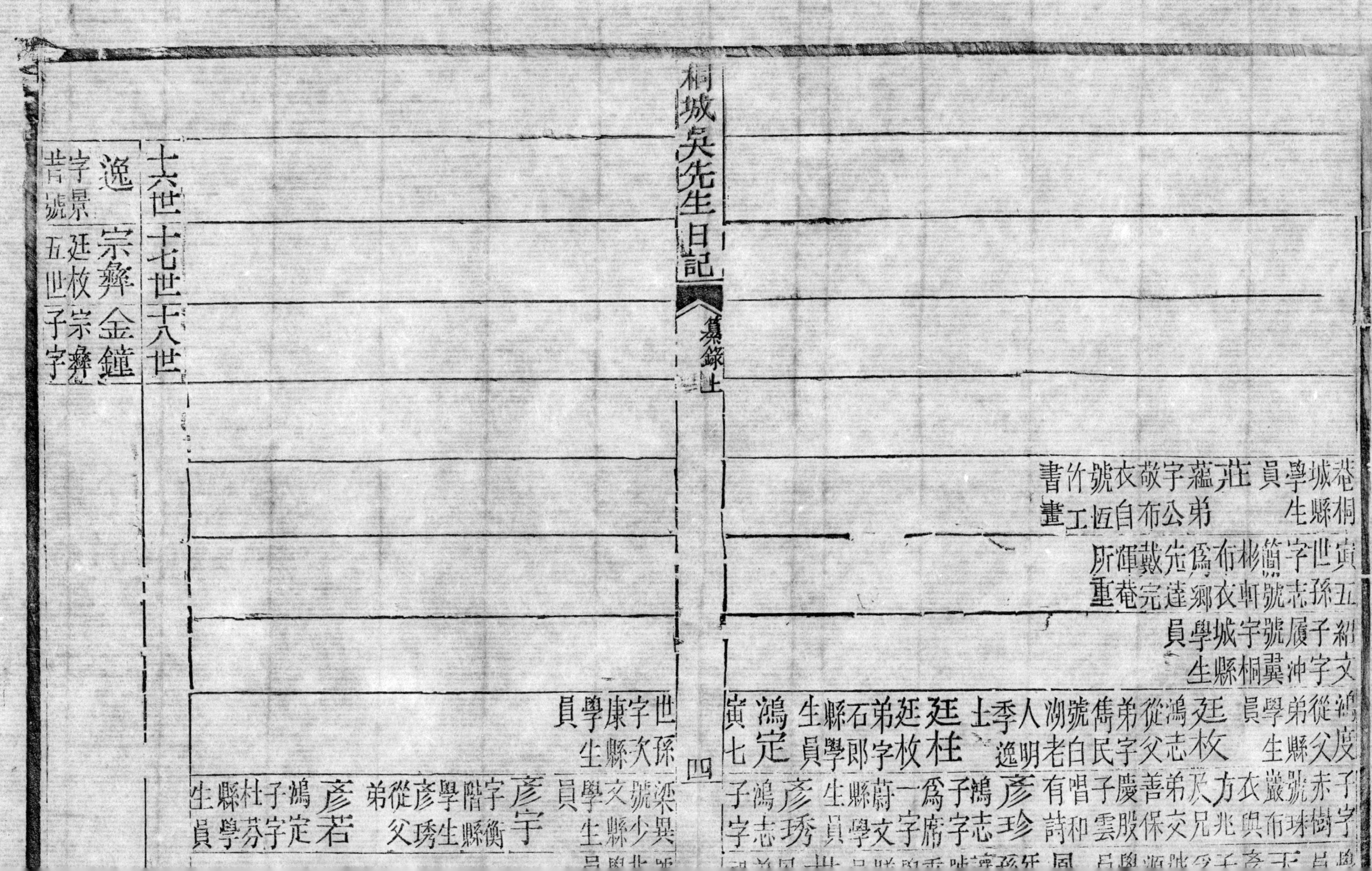

十六世 十七世 十八世

逸 字景 昔號

宗彝金鐘 廷枚宗彝 五世子字

巷城學員
桐縣生

廷蘊字敬衣號竹書
弟公布自匠工畫

寅世字簡彬布爲先戴禪所
五孫志號軒衣鄉達完菴重

紹子履號字城學員
文字沖翼桐縣生

鴻從弟學員
度父縣生

廷鴻從弟儁號湖人季士
枚志父字民白老明逸

廷弟廷石縣生
桂枚字郎學員

鴻寅
定七

子赤號巖衣方及弟善慶子唱有
字樹珠布與兆兄交保殷雲和詩

彥鴻子爲一蔚縣生
珍志字席文字學員

彥鴻子
琇志字

世字康學員
孫次縣生

渠號文學員
異少縣生

彥字階學彥從弟
宇衡縣生琇父

彥鴻子杜縣生
若定字芬學員

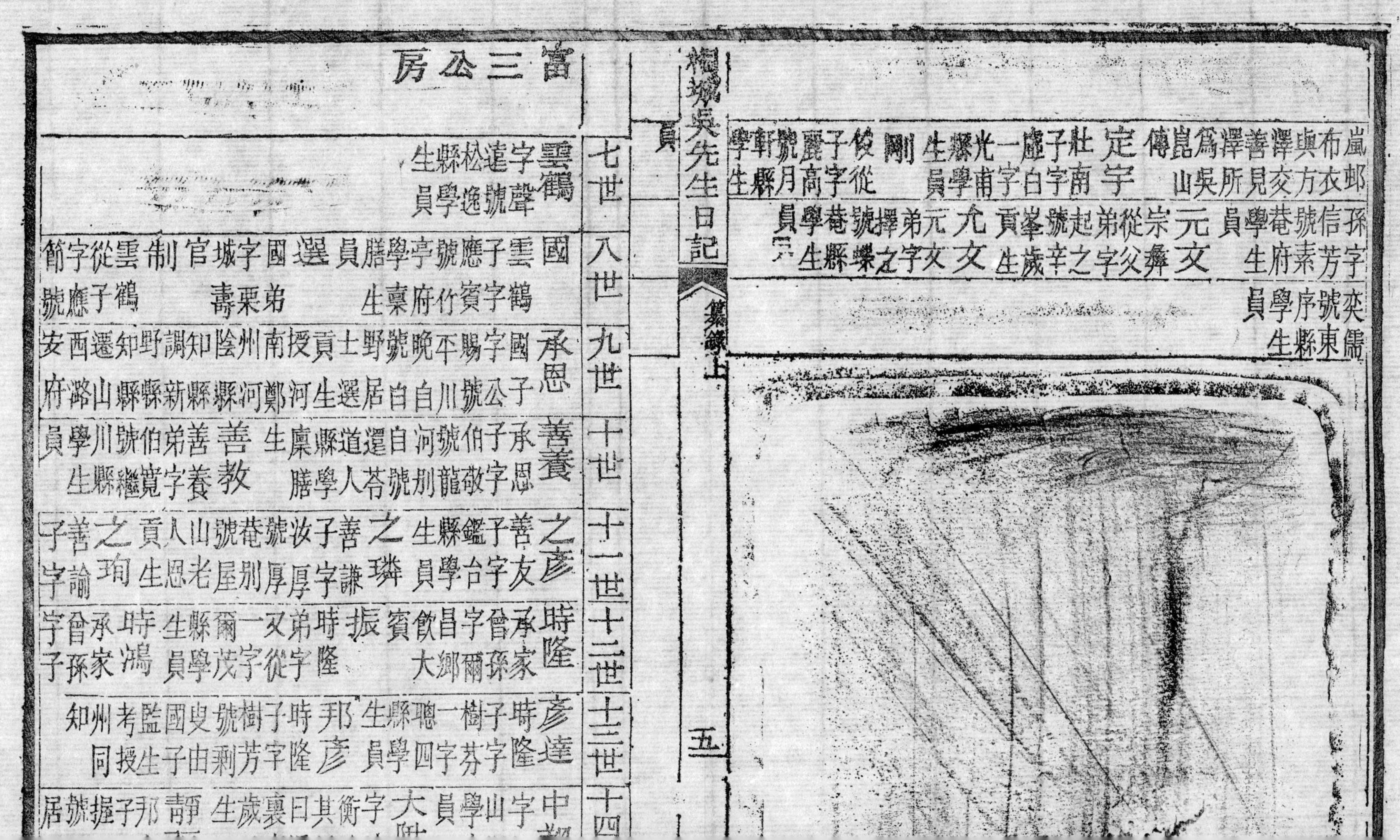

嵐邨布衣與方澤交善見澤所爲吳崑山傳

定宇　杜南子字虛白一字光甫縣學生員

剛　俊從子字麗高號月軒縣學生

孫字信芳號素菴府學生員

元文　宗彝從父弟字起之號辛峯歲貢生

允文　元文弟字擇之號蝶菴縣學生員

奕儒號東序縣學生員

富三公房

七世

雲鶴　字聲逵號松逸縣學生員

八世

國　雲鶴子字應資號竹亭府學廩膳生員

選　國弟字栗城壽官

制　雲鶴從子字應節號

九世

承恩　國子字公賜號平川晚自號自野居士選貢生授河南鄭州河陰縣知縣調新野縣知縣遷山西潞安府

十世

善養　承恩子字伯敬號龍河別自號還荅道人縣學廩膳生

善教　善養弟字伯覺號繼川縣學生員

十一世

之彥　善友子字鑑台縣學生員

之璘　善謙子字汝厚號厚菴別號屋山老人恩貢生

之珣　善論子字

十二世

時隆　承家曾孫字爾昌鄉飲大賓

振　時隆弟字又從一字爾茂縣學生員

時鴻　承家曾孫字子

十三世

彥達　時隆子字樹芬一字聰四縣學生員

邦彥　時隆子字樹芳號剩叟由國子監生考授州同知

十四世

中　字山學員

大　字衡其曰襄歲生

靜　邦子握號居

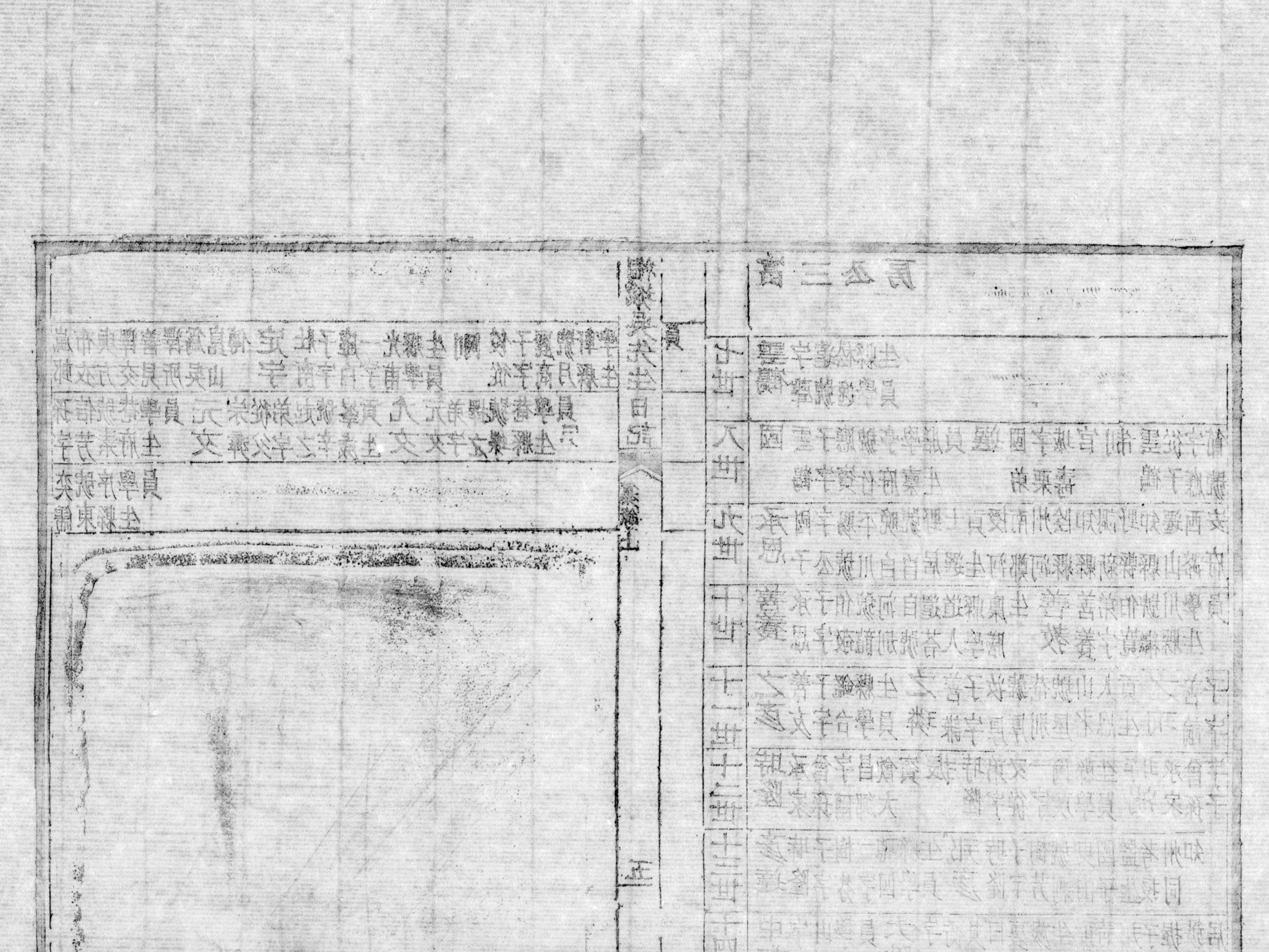

龍泉府學生員

通判

承家　選子字公命號述庵貢生授曾王府奉祠所府祠奉舉晚飲鄉賓正

承顏　承恩從祖父弟字公獻號錦崖縣學生員

善友　善教弟字伯尚號鍾山歲貢生

善謙　承顏子字伯亨號黃嶺又號員明道八以縣學稟膳生中萬歷已酉科舉人任浙江

廷玉喜藏書經史百家幾備應舉不過渡江作江水朝數千言與方兆及友善年二十二卒臨終託三幼弟於方兆及兆及皆教成之

範號蓮邨著晚香亭詩集四卷在縣志文苑傳

時逢　之璘子字素甫別號西菩山人縣學生員

子雯　時逢弟字憲先號貧叟縣

開泰　振子字明達山東衍聖公府隨朝官

漢一　開泰弟字錫永號晦巖曲阜孔廟讀禮生

聖窋　時逢子字修來號若菴江

號主學員　甌　靜弟西號齋號齋學員　中　聖子克一甸號圍貢

以歲貢生任福建建安縣丞歷署崇安建安壽寧三縣知縣遷四川夔州府經歷致仕與承恩同入祀鄉賢祠以子善謙貴贈廣東道監

浙江台州府推官行取南京廣東道監察御史奉旨巡視下江以忤權貴外轉知府遂致仕歸卒祀鄉賢祠

善諭　善謙弟字伯通

應龍　之珣弟字雲翼號潛齋別號玉屏山人縣學生員

兆麟　應龍弟字里遊號仁齋一號木石老人縣學生員

之鼎

學生員

峻　字岫六善諭孫縣學增廣生員

夢熊　峻弟字祚子縣學生員

時乘　字以御府學增廣生員

闕

寧附監生

聖歷　聖窋弟字友季號繡石侯選通判

宗會　子雯子字一中貫字蒼培別自號匏菴縣學生員

桐

宗會

直　中弟景一生一古一井乾丙恩舉有集卷

中　聖子仲府生

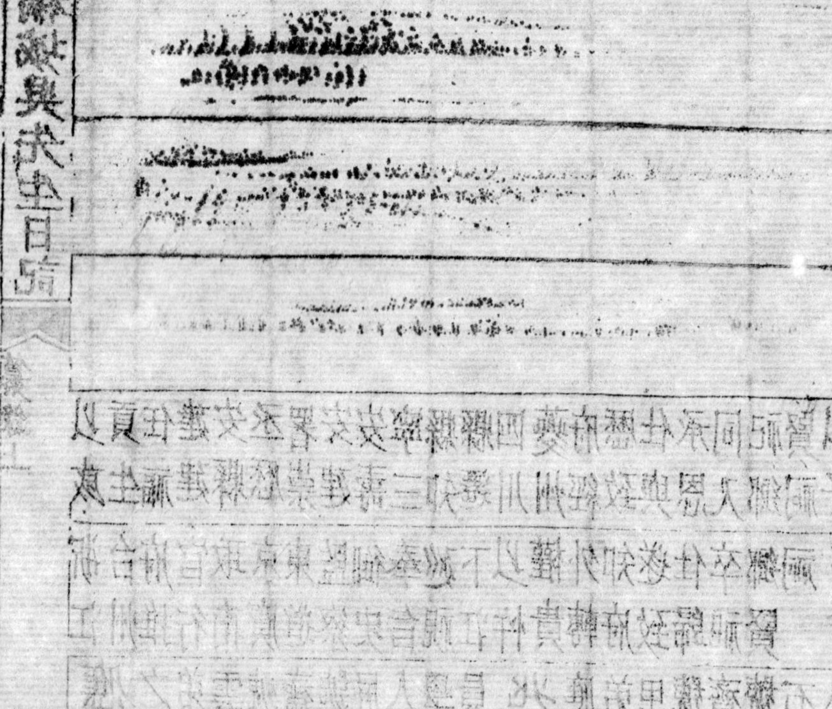

察御史

承祐 承恩從祖父弟字公順號信菴縣學生員

號苓水府學生員

字調生號渭璜禮部儒士

字恩若明季滅寇有功官陝西榆林遊擊甲申後歸里安貧食力養二親和幼弟

從父弟字屺瞻一字焦音號隨菴教習知縣

聖偉 應龍孫字韋尺達於易學

士昌 時乘從子字申錫縣學生員

聖彰

中 桐子侄號冲學膳員

岐 夢兄字廷字甫學員

十六世十七世十八世十九世

音金 日華子字醉六號心菴縣學生員

鼎新 茲子字鉞愚號望雲縣學

駿雲 音金子字平昭號蓉軒兩取佾生

廷輝 泰和子字建標號效陳又

珍 苓曾孫字東陽號浮渡縣學生員

培 鼎新孫字鎮江號厚軒府

先河 苓玄孫字惠風號巽齋縣學生員

壽祺 珍從子原名馨一字光壁

字蒼柱號龍谿由天文生補欽天監博士

生員 振新 鼎新弟字景康號尹郊縣學生員 泰和 鼎新弟字若型二字仰山又號都閣侯選府經歷 逢清 靜疆孫字

號遜齋府學生員 廷森 廷輝弟字謂韓號栴崖又號思晗有靜達軒詩集 惟寬 逢盛從子字存之號簡齋府學生員

學生員 元甲 廷森子字世求號育泉歲貢生咸豐元年制科孝廉方正誥封奉直大夫晉封通奉大夫 士穀 廷輝從子字嗣

號杜山道光己酉舉人考取景山官學教習截取知縣署江西贛州府興國縣知縣充同治丁卯科江西鄉試同考官 汝經 世求

晥田縣學生員 逢盛 甌玉孫字任甫號綱菴嘉慶辛酉科舉人揀選知縣著三禮考異有詩文集 勳蔭 楷子字承昔受學於

心見 逢盛子字復之號勉齋縣學生員 雙鯉 苓擇字明乾號海門附貢生

姬號粒軒縣學生員 兆元 世求弟字子艮候選廵檢 廷光 字裕德號雲岩縣學生員 慶元 心見子字開宇號慕堂府學生

子字肫甫號少泉府學增生山東候補縣丞 寶三 汝經從父弟字康之由監生考取實錄館謄錄議敘鹽大使以軍功保升山東

從祖父生甫與劉大櫆交厚

向藜 字殿魁號丁齋同治庚午科副榜貢生

員

候補知縣

汝綸 汝經弟字摯甫同治甲子科舉人乙丑科進士內閣中書加侍讀銜改直隸深州知州

汝繒 士穀子字燊甫

縣學生員

旭東 字士林縣學生員

汝霖 廷光子字登瀛縣學生員

十一世 十四世 十五世

富六公房

之瓊 字千祥好讀書著家法三卷一

官龍 之瓊曾孫字肖梅號樂山縣學

熾昌 字時譽一字弘教縣學生員

日敎 倫二 日立 品三 日殖 學

生員

世表一

一世

泰公小字玉 諱字無考先世居蘇州閶門有官者徽州婺源著籍婺源因居黃士嶺遷梅花橋元末之峽山桐城孺人生子配汪子七品富二孫以榮華八貴爲行保慶子孫以爲平安爲行

二世

七品諱配無考

八品諱配無考

兄弟一乳生舊譜七品爲華祖保譜八品爲保祖七慶品爲榮慶祖八品爲華祖

三世

榮一諱配無考

榮二諱配無考

舊譜二公皆有子不知各生子幾人六

四世

富一諱文富配方氏繼二寅寧

富二諱文貴配范氏子

富三諱文達配胡氏子守

富四諱文顯配錢氏子安

富五諱文明配無考子

富六諱文循配姜氏繼二敬進

富七諱文達配無考子生

富八諱文聰配無考子定宮無後

富九諱文重配殷氏子海志斌志讓

富十諱文彬配祁氏繼三友才友智

富一公房世表二

五世

寅長子富一字尚敬縣學生員配夏氏繼配朱氏子四澄淸海蓮皆朱氏出

六世

澄字源配汪氏子三守德守高守志志守卒蚤均

七世

守德配蕭氏子四琢珍珙玷女二

八世

琢字宗配齊氏子三大漢二漢四漢繼配胡氏子一鎭

九世

大漢配孫氏子一紹燕女一適余

二漢配楊氏子一殤四兒

四漢配楊氏子五三殤元紹聖某

十世

紹燕配鄒氏無嗣女一適余

紹聖字志號仰賢配余氏子三溪曰崇曰軒曰昂女俱殤

十一世

曰濟紹寶宗大子不可絕紹故後高配燕氏子一珠無女一鴻考適朱

十二世

鴻霞配陳氏適潘

富一公房世表二

五世 六世 七世 八世 九世 十世 十一世 十二世

桐城吳氏先生日記

世表一

一世 二世 三世 四世

富一 富二 富三 富四 富五 富六 富七 富八 富九 富十

鎮 字公輔號靜川配黃氏子五紹京紹高紹廣紹庚紹衮

一適邵 某 子濟日無考

紹京 字志余配都氏子二俱殤

紹高 字思高配懷氏無嗣

紹廣 配黃氏無嗣

紹衮 字起余配淨氏無嗣

紹庚 字脫

珍 字禹宗配朱氏子五鏉鎊鏳鋸鋒殤

鏉 配何氏子二紹寶紹寵

鎊 配黃氏子一紹可

鏳 配王氏子

凡 配王氏無嗣

紹寶 字志璧配胡氏子一日潛後大宗女一適劉

紹寵 配程氏無嗣

紹可 子一日相女一適汪

紹憲 字志

日相 字少南配楊氏子二鴻霞鴻宗女一適許鴻霞後大宗

鴻宗 彥芳生子適陳

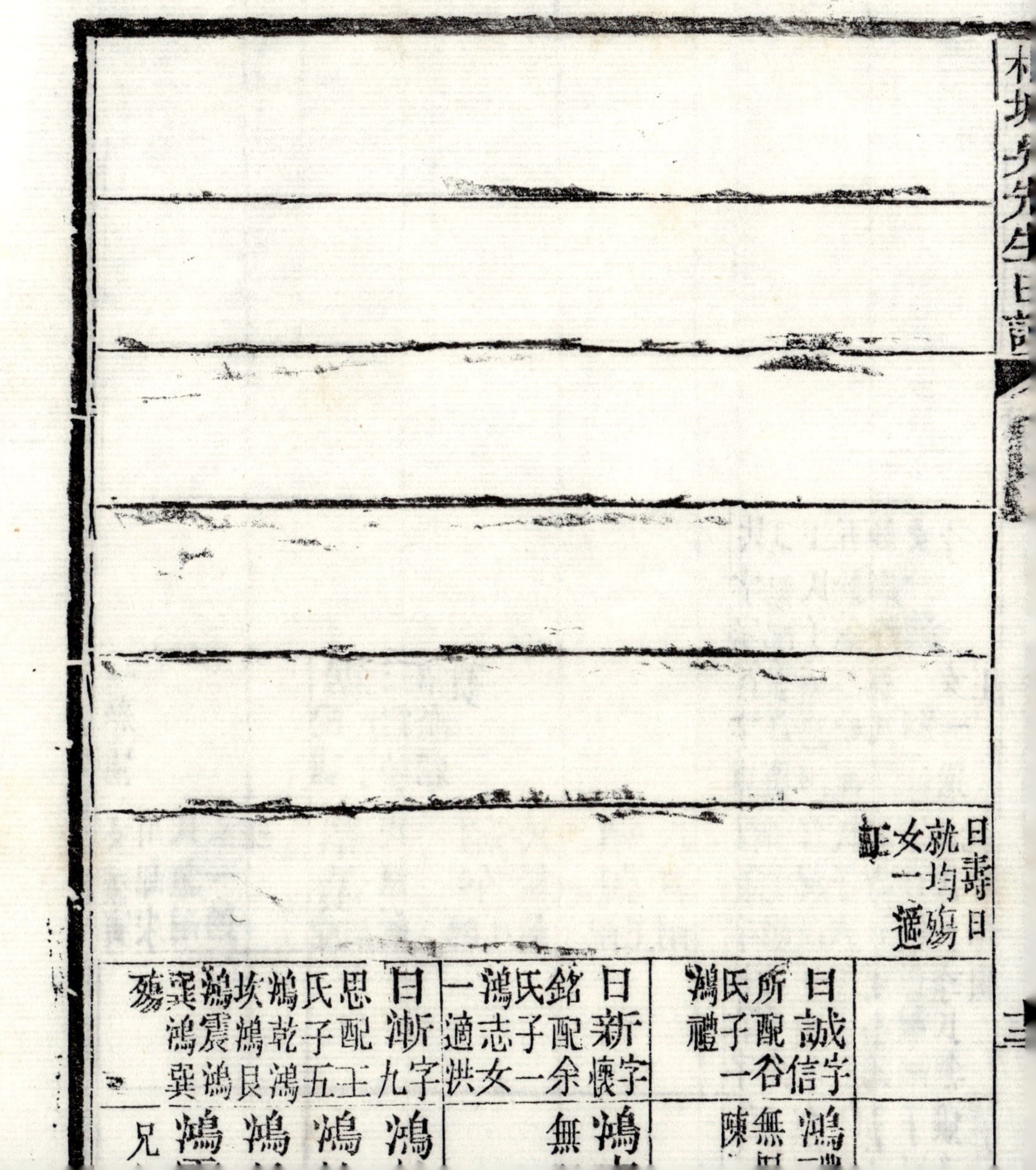

曰壽曰 就均殤 女一適 鉦

曰誠 字信所 配谷氏 子鴻禮 一	曰新 字懷銘 配余氏 子鴻志 女一適洪	曰漸 字九思 配王氏 子五鴻乾 鴻坎 鴻艮 鴻震 鴻巽 巽殤
鴻 無 陳	鴻 無	鴻 鴻 鴻 鴻 兄

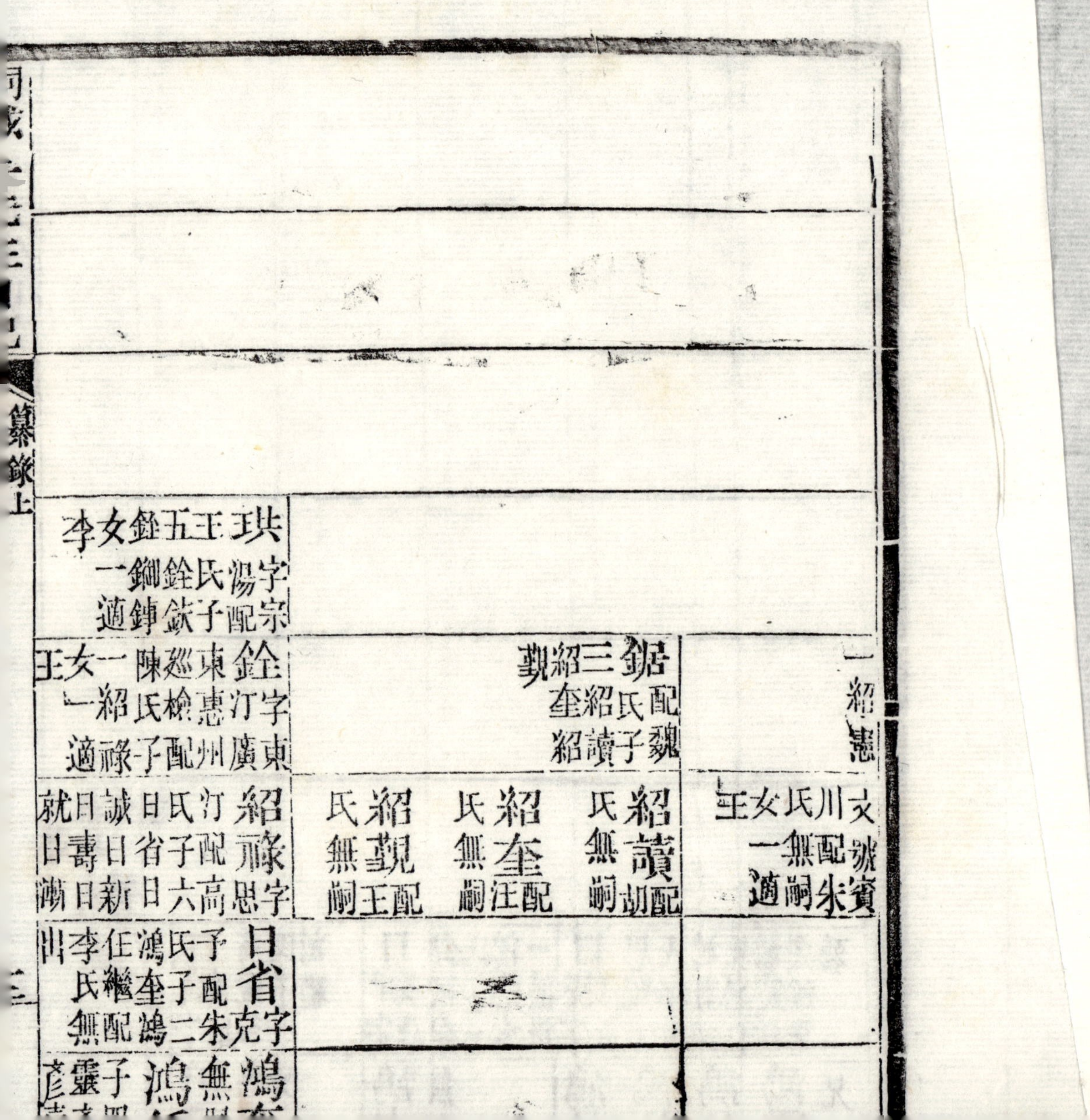

珙字湯宗配王氏子五銓欽錚鍘女一適李

銓字東汀惠廣州配陳氏檢子一紹祿女一適王

鋸配魏氏子三紹讀紹奎紹覲

一紹惠

文號賓川配朱氏無嗣女一適王

紹祿字思汀配高氏子六日省日誠日壽日就日新日鵬

紹讀配胡氏無嗣

紹奎配汪氏無嗣

紹覲配王氏無嗣

日省字克予配朱氏子二鴻奎鴻任繼李氏無配出

鴻奎無 鴻 子靈彥

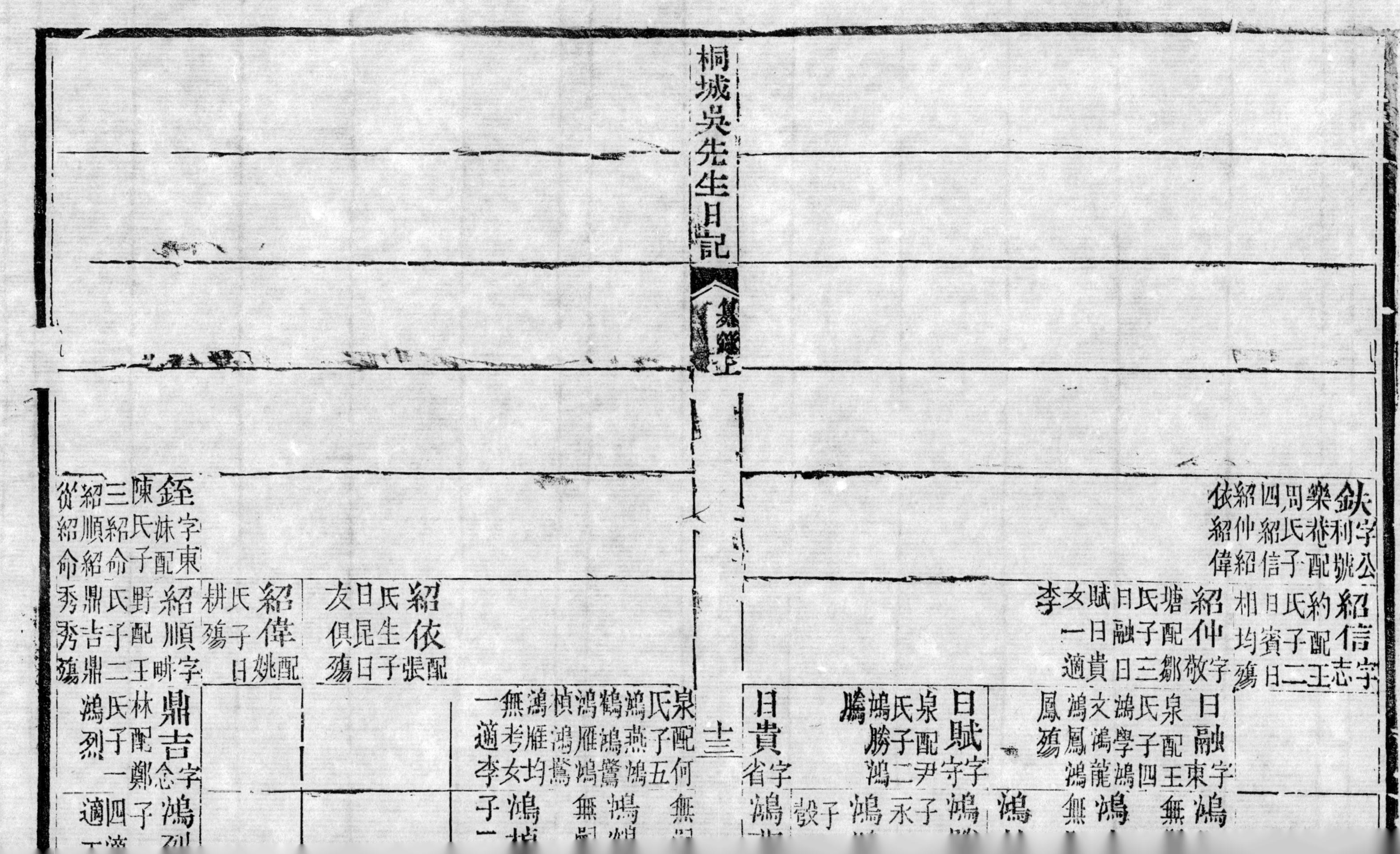

鈇字公利號樂巷配司氏子四紹信紹仲紹依紹偉

紹信字志約配王氏子二日賓日相均殤

紹仲字敬塘配鄒氏子三日融日賦日貴女一適李

日融字東泉配王氏子四鴻學鴻文鴻龍鴻鳳鴻鳳殤

日賦字守泉配尹氏子二鴻勝鴻騰

日貴字省泉配何氏子五鴻燕鴻鶴鴻鶯鴻雁鴻楨鴻鷲鴻雁均無考女一適李

鴻 無 鴻 無 鴻 鴻子承 鴻子穀 鴻

鍾字東妹配陳氏子三紹命紹順紹從紹命

紹順字畊野配王氏子二鼎吉鼎秀秀殤

紹偉配姚氏子日耕殤

紹依配張氏生子日昆日友俱殤

鼎吉字念林配鄭氏子一鴻烈

鴻烈子四適 無 鴻 無 鴻子

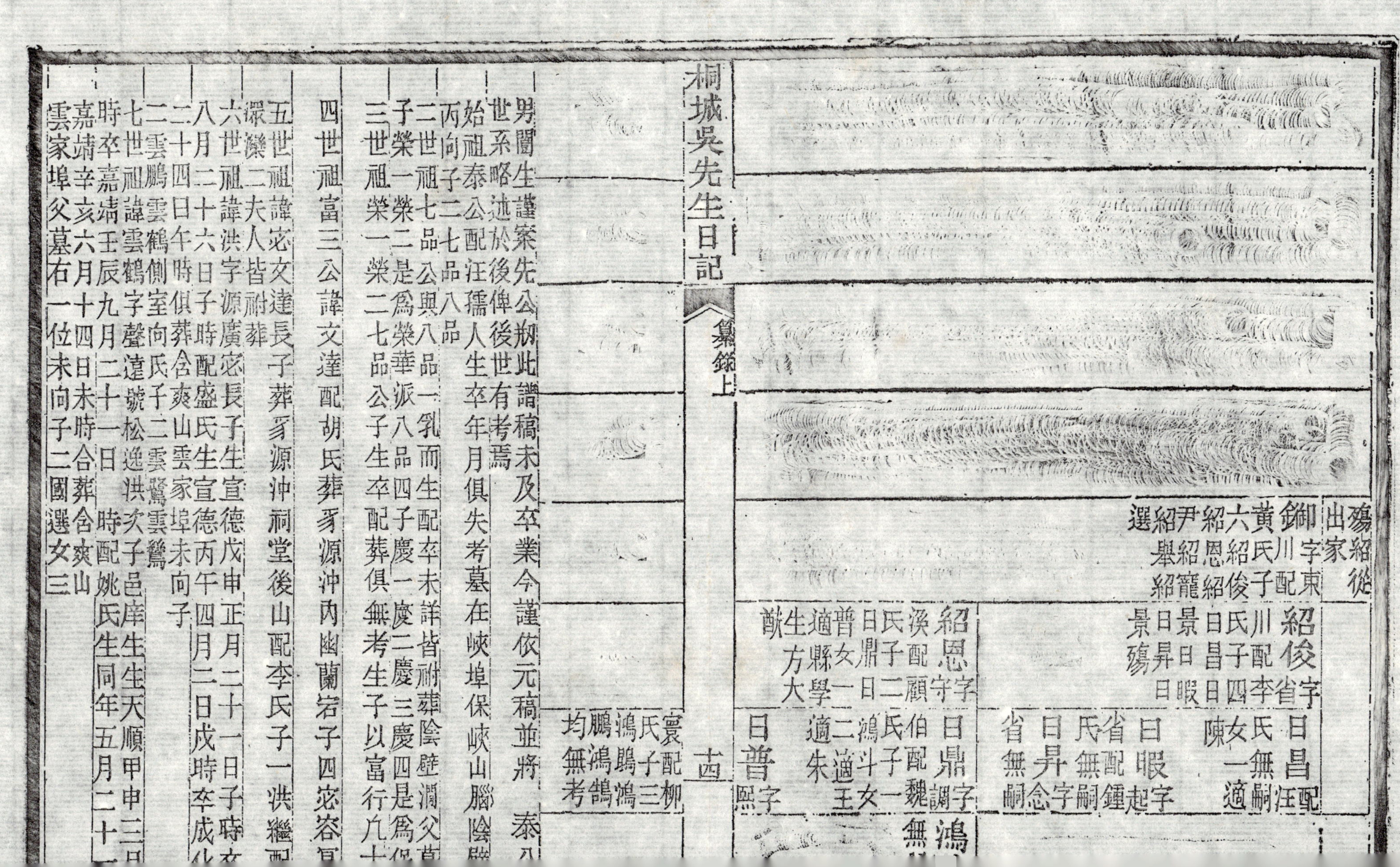

殤紹從出家

鉶字東川配黃氏子六紹俊紹恩紹尹紹寵紹舉紹選

紹俊字省川配李氏子四日昌日景日暇日昇日景殤

紹恩字守溪配顧氏子二日鼎日普女一適縣學生方大畝

日昌配汪氏無嗣女一適陳

日暇字起省配鍾氏無嗣

日昇字念省無嗣

日鼎字調伯配魏氏子一鴻斗女二適王適朱

日普字熙

鴻無

寰配柳氏子三鴻鶚鴻鵬鴻鵠均無考

男闓生謹案先公捌此譜稿未及卒業今謹依元稿並將　泰入

世系略迹於後俾後世有考焉

始祖泰公配汪孺人生卒年月俱失考墓在峽埠保峽山腦陰

丙向子二七品八品

二世祖七品公與八品一乳而生配卒未詳皆祔葬陰壁澗父墓

子榮一榮二是爲榮華派八品四子慶一慶二慶三慶四是爲保

三世祖榮一榮二七品公子生卒配葬俱無考生子以富行凡十

四世祖富三公諱文達配胡氏葬豸源沖內幽蘭宕子四宓容

五世祖諱宓文達長子葬豸源沖祠堂後山配李氏子一洪繼配

環灤二夫人皆祔葬

六世祖諱洪字源廣宓長子生宣德戊申正月二十一日子時卒

八月二十六日子時配盛氏生宣德丙午四月二日戌時卒成化

二十四日午時俱葬合爽山雲家埠未向子

二雲鵬雲鶴側室向氏子二雲鷺雲鸞

七世祖諱雲鶴字聲遠號松逸洪次子邑庠生生天順甲申三日

時卒嘉靖壬辰九月二十一日時配姚氏生同年五月二十一

嘉靖辛亥六月十四日未時合葬合爽山

雲家埠父墓右一位未向子二國選文三

八世祖諱選號栗城雲鶴幼子授壽官生弘治甲寅七月十六日
慶己巳十月十八日未時葬冢源沖腦圓山艮向配汪氏女一
弘治壬戌九月十二日子時卒萬歷辛巳正月十七日未時祔
夫墓子一承家側室蕭氏葬老人橋小湯莊宅後北向生女一
九世祖諱承家字公命號逃菴選子授兗州魯王府迪功郎生嘉
月二十九日子時卒天啟乙丑十月二十日午時葬冢源沖內
方氏御史某孫女生嘉靖癸卯二月二十四日戌時葬白苓澗
龍穴艮山坤向子三善舉善化善運天女三側室婁氏葬老人
莊屋後
西北向
十世祖諱善舉字伯相承家長子生嘉靖庚申正月　日午時卒
四月二日亥時祔葬白苓澗湯莊宅後騎龍穴母墓同向配王
女生嘉靖辛酉八月十四日戌時卒崇禎戊辰三
月十八日午時葬黃蠏紫廟後坤向子一之岱
十一世祖諱之岱字衡岳善舉子生萬歷丙戌六月二十四日
乙卯十月八日未時配汪氏生萬歷辛卯三月十八日丑時卒
月十三日寅時合葬冢源沖
腦圓山艮向子二時隆振
十二世祖諱時隆字爾昌之岱長子明鄉飲大賓生萬歷庚戌
日未時卒康熙壬申正月二十日未時葬橲山章莊宅右酉向
歷甲寅九月二十日午時卒康熙己卯正月二十六日申時葬
莊大塘頭乾向子二彥達彥邦彥女二
十三世祖諱彥達字樹芬號聽四時隆長子邑庠生生順治乙
酉時卒雍正戊申八月二十六日未時葬橲山章莊宅右父墓
向配許氏邑庠生中和孫女生順治癸巳十月二十三日辰時
三月十一日戌時葬橲山章莊宅右酉向子四大陞中極中鎬

十四世祖諱大陞字冰衡號近裏彥達長子廩貢生生康熙乙
日卯時卒於乾隆庚午四月一日辰時葬桐山麓姚莊宅後乾
庠生蒼佑女生康熙己未五月二十七日亥時卒康熙壬午三
亥時祔夫墓左子一苓繼配王氏邑庠生岑女生康熙丁卯六
未時卒乾隆甲申二月二十四日未時祔
夫墓右子六日華苾日臻日葵日藕日茂
十五世祖諱苾字石渠號廡門一號崇桂大陞三子生康熙己
日戌時卒乾隆庚寅五月二十日亥時配王氏候選州同知東
年九月十八日巳時卒乾隆丙寅八月十二日亥時子四鼎新
和繼配董氏生康熙庚寅六月六日子時卒乾隆丙午五月五
女兒橋桐山麓
姚莊宅後乾向
十六世祖諱泰和字若型號仰山一號都閬苾幼子候選府經
酉十月九日子時卒嘉慶辛未十一月二十七日申時配左氏
八上林縣令行坦女生乾隆壬戌四月二日寅時卒乾隆癸丑
月八日亥時合葬黃公山酉向子四廷輝廷璋廷森廷璧女一
十七世祖諱廷森字謌韓號梅崖一號思貽泰和三子生乾隆
日巳時卒道光乙巳六月十七日巳時配左氏誥封淑人邢臺
女生同年九月十七日卯時卒嘉慶乙卯二月十九日寅時子一
錫五出嗣廷璧女二長適左側室邢氏生乾隆丁未七月一
時卒道光丙午三月十一日午時合葬高保
五里塲汪家園南向子三元魁兆元魯芹
十八世祖諱元甲字世求號育泉思貽公次子歲貢生候選訓
舉孝廉方正誥封通奉大夫生嘉慶庚午三月一日子時卒同
十四日酉時配馬氏誥封淑人嘉慶庚辰進士四川閬中縣知
龍潭保馬家沖子四汝經汝綸汝繩汝純以繩繼弟兆元以純

文一適
蘇子純

十九世祖諱汝綸字摯甫育泉公次子同治甲子科第九名舉人
名進士官內閣中書加侍讀銜改直隸深州直隸州署天津府
直隸州知州告歸主講保定蓮池書院以吏部尚書管理學務
奏薦詔充京師大學堂總教習加五品卿銜出遊日本考察學務
於里第生道光庚子九月二十日酉時卒光緒癸卯正月十二日
氏誥封淑人生道光丙申正月五日時卒光緒壬辰正月十
適無錫舉人薛翼運桐城舉人汪應張濰縣進士貴州提學使
縣學生直隸知縣王光鸞側室歐氏封淑人生咸豐甲寅八月
卒光緒丁未八月廿四日辰時子一闓生女一適桐城姚永
棠合葬高保五里坳汪家園思貽公墓西數十步南向

古今韻書

聲類十卷 隋志魏左校令李登撰 封演聞見記云以五聲命字
五百廿字 隋書潘徽傳徽言李登呂靜始判清濁才

韻集五卷 隋志六卷晉安復令呂靜撰 唐志五卷 魏書江式
徵羽各爲一篇

四聲切韻 無卷數 高氏小史云齊中書令周顒字彥倫撰

四聲譜一卷 隋志梁沈約撰 志脫譜字依約傳增 約傳云約以
人絫千載而不寤而獨得胸襟窮其妙旨自謂入神

四聲韻略十三卷 陸法言切韻自序云夏侯該撰 隋唐志並作夏

韻略一卷辨嫌音二卷 隋志陽休之撰

聲韻四十一卷 隋志周研撰 陸法言自序云周思言音韻疑思
卽聲韻

音譜四卷修續音韻決疑十四卷 隋志李槩撰 陸法言自序云李季
節卽槩字也

韻略 無卷數 陸法言自序云杜臺卿撰

韻集八卷 隋志段宏撰 又十卷 隋志無撰人

文章音韻二卷五音韻五卷 隋志梁王該撰

四聲韻林廿八卷 隋志張諒撰 唐志作張諒四聲部卅卷

羣玉典韻五卷 隋志無撰人

纂韻鈔十卷 隋志無撰人 隋書潘徽傳云秦王俊遣撰集字書名
序疑卽此書也

四聲指歸一卷 隋志劉善經撰

韻英 隋志釋靜洪撰

切韻五卷 廣韻卷首題云 隋陸法言撰本長孫訥言箋注郭知玄拾
以朱箋三百字 封演聞見記云凡一萬二千一百五十
刪山之類許敬宗等詳議以其韻窄奏合而用之 廣韻三鍾注二
縱等入冬韻 周公謹雲烟過眼云吳彩鸞書切韻先仙部爲廿一
唐志有陸慈切韻五卷 慈豈卽法言其自敘稱法言或以字行耶
顏元孫干祿字書譚談在陽韻前蒸登在鹽韻後疑用切韻部次

唐韻五卷 李燾說文五音譜叙云唐陳州司法孫愐以切韻謬略復
名唐韻 魏了翁云唐韻於廿八刪廿九山之後繼以卌
愐序云加四萬二千三百八十三字蓋併注字人數計演謂愐所
要是陸之略也 近儒以廣韻二百六部爲法言舊目案切韻廿一
唐韻廿八刪廿九山卅先卅一仙今
廣韻廿七刪廿八山三書部次不同

韻英五卷 唐志天寶十四載撰 集賢注記云上以自古用韻不甚
言切韻又未能釐革乃改撰韻英仍舊爲五卷舊韻四百
部新加百四十一部合五百八十韻凡萬九千一百七十七字
云細分其條目則令韻部繁碎徒拘桎於文辭者也然可推知二
人之舊注記稱舊韻乃爲陸韻然則四百卌九部爲陸孫韻部都數
韻表一韻之中復細分之多者至五六類合四聲凡百有四類蓋
析則愈精固非二
百六部所能括也

趙氏韻篇十二卷 唐志不著趙氏名

韻音廿卷 唐志蕭鈞撰

韻銓十五卷 唐志武元之撰

韻海鏡源三百六十卷 唐志顏眞卿撰 宋史藝文志云十六卷

切韻十卷 唐志李舟撰 宋史五卷徐鉉說文韻譜後序云韻譜既
舟切韻殊有補益說文脫漏以李氏切韻爲正

辨體補修加字切韻五卷 唐志僧智猷撰說文韻譜前序云取叔重
韻次之 案徐所據切韻目次刪山先仙

皆不合蓋智猷本也其書不如李舟徐
先據以爲譜後得李書遂據李爲正

清濁韻鈐一卷 宋史僧守溫撰

切韻搜隱五卷 宋史丘世隆撰

切韻十玉五卷 宋史劉希古撰

韻詮十四卷 宋史無撰人

韻關一卷 宋史僧師說撰

韻選五卷

韻源一卷

天寶元年集切韻五卷 以上并宋史

元和韻譜 無卷數 釋神珙反紐圖自叙唐陽甯公南陽釋處忠

說文解字韻譜五卷 直齋書錄徐鍇撰 鉉序云五音凡五卷 案鍇
年在廣韻未修之前李燾謂譜因廣韻非是
重所記以切韻次之後序云韻譜既成又得李舟切韻疑者以李
其韻部先僊之後別有宣部魂後無痕嚴後無凡部目之字亦多
考唐人舊韻者當據此譜爲定 序言五音凡五卷蓋自切韻唐
昔五音分卷今此譜部目東冬先仙下注一二等字蓋皆後人妄

會舉要云平聲上下分卷自丁度集韻始也

廣韻五卷 宋中興書目云不知作者 此未經重修之廣韻蓋唐 年等重修之後改爲大宋重修廣韻陳振孫乃以陳彭 此書果爾則景德祥符奉勑刊正之書中興書目何至不知作者 法言廣韻五卷與陳彭年等重修廣韻五卷并載藝文志足見本 陸法言者以卷首題 陸法言撰本而誤也

雍熙廣韻一百卷序例一卷 宋史句中正撰 此亦在 景德祥符奉勑重修以前

重修廣韻五卷 宋史陳彭年等撰 卷首題云凡二萬六千一百 集韻韻例云先帝時令陳彭年丘雍因法言韻就 海景德四年詔殿中丞丘雍校定切韻五卷祥符元年改爲大宋 困學紀聞云隋陸法言爲切韻五卷唐孫愐有唐韻今之廣韻則 重修今人以三書爲一或謂廣韻爲唐韻非也按唐時舊有廣 大宋重修廣韻李燾說文五音譜序謂大中祥符元年改賜新名 也廣之爲言必有增加之字景德祥符二勑但云偏旁差譌傳寫 漏落家魚盡革朱紫洞分而已未嘗有增加也何由賜名爲廣邪

韻略五卷 玉海景德四年龍圖待制戚綸等承詔詳定考試聲韻綸 丞丘雍所定切韻同用獨用例及新定條例參定 案近 同用之注爲唐初許敬宗所奏合據 玉海則丘雍所定耳宋史云一卷

禮部韻略五卷 玉海景祐四年詔直史館宋祁鄭戩國子直講王洙 韻略命知制誥丁度李淑詳定窄韻十三處許附近 紹云九千五 百九十字

集韻十卷 玉海景祐四年翰林學士丁度等承詔撰 周必大廣韻 洽卅二狎通用卅三業卅四乏通用自唐迄天禧中皆 仁廟初詔丁度等撰定集韻遂業爲卅一洽爲卅二而以狎乏附之 黃公紹云平聲本無上下之分舊韻但以字繁釐爲二卷集韻始 平聲下爲卷目據黃此言則今廣韻分上下平非舊目矣顧戴皆 妄說之 韻例云字五萬三千五百廿五新增者二萬七千三百

切韻十卷 丁度撰

押韻十卷 張孟撰

韻海五十卷 許冠撰

四聲類韻二卷聲韻類例一卷 郯升卿撰

五音韻鏡一卷 釋元冲撰

洪韻海源二卷 無撰人 以上 并見宋史

改併五音集韻十五卷 錢大昕元史補志 云金韓道昭撰

韻補五卷 直齋書錄云吳棫撰 書錄云陸德明以爲古人韻緩 不煩改字此誠名言聲韻苟相近可以叶讀何必改字

修校韻略五卷 直齋書錄云祕書省正字莆田劉孟容以說文字林 干祿書五經文字九經字樣佩觿復古編等書修校

禮部韻括遺 無卷數 玉海紹興十 四年知榮州楊朴上

附釋文互注韻略五卷 直齋書錄云以監本增注而釋之

增修互注韻略五卷 衢州免解進士毛晃紹興卅二年表進 表 六百五十五字 黃公紹云毛增一千七百

淳熙禮部韻略五卷 玉海元年國子監言前後有增改刪削及多差舛詔校正刊行

韻略分毫補注字譜一卷 直齋書錄進士耒陽秦昌朝撰

押韻釋疑五卷 直齋書錄進士廬陵歐陽德隆易有開撰

切韻義一卷纂要圖例一卷 直齋書錄汴陽謝暉撰

王子新刊禮部韻略五卷 平水劉淵淳祐十二年撰 黃公紹云 百卅六字 又云淵始併通用之韻以

炎武云劉氏師古變古以證蹬入徑考之於古無一合

新刊韻略五卷 金正大六年己丑平水王文郁撰 朱駿聲云已 定二年在淳祐前疑劉淵本乃取王所撰重刻者

古今韻會舉要卅卷 元史補志云黃公紹熊忠撰 目錄云依平水 氏王子新刊禮部韻略併通用之韻爲一百

韻府羣玉廿卷 元大德中陰時夫中夫兄弟撰 戴震云劉淵併 禮部韻略乖違陰時夫復併拯等入迥聲類隔絕

陰氏妄併拯入迥爲今韻之一百六部

唐宋以來韻部表 四聲分配依戴氏考定本爲表得朝鮮所刻奎章 聲分配與戴略同 顧氏以來均宗廣韻故此表

	平							
韻譜	東	冬	鍾	江	支	脂	之	微
廣韻								
集韻							㞢	
韻會		省	鍾			之脂省		
	上							
韻譜	董		腫	講	紙	旨	止	尾
廣韻	董							
集韻	譜同							尼
韻會						止旨省		
	去							
韻譜	送	宋	用	絳	寘	至	志	未
廣韻								
集韻								
韻會		省	用			志至省		
	入							
韻譜	屋	沃	燭	覺				
廣韻		沃						

桐城吳先生日記

		東	冬	鍾	江	支	脂	之	微
平	廣韻								
	集韻								
	韻會			鍾省			之脂省		
上	韻譜	董		腫	講	紙	旨	止	尾
	廣韻	董							
	集韻	同譜							
	韻會						旨止		
去	韻譜	送	宋	用	絳	寘	至	志	未
	廣韻								
	集韻								
	韻會		用省				志至省		
入	韻譜	屋	沃	燭	覺				

十六

魚 虞 摹 齊 佳 皆 灰 開
模 咍
亝
模省 皆省 咍省
語 噳 莽 薺 蠏 駭 賄 海
虞 姥
譜同
姥省 駭省 海省
御 遇 莫 霽 祭 泰 卦 怪 夬 隊 代 廢
暮
譜同 無同獨字 夳
暮省 祭省 譜同 夬怪省 廢代省

顧氏以卦承皆賄承之夬承謂譏四韻本氏考定說

眞 諄 臻 文 殷 元 魂 寒 桓 刪 山
痕
欣
諄臻省 欣省 痕魂省 桓省 山省
軫 準 吻 隱 阮 混 很 旱 緩 綰 產
潸
準省 隱省 混很省 緩省 產省
震 ⿰日享 問 靳 願 慁 恨 翰 換 諫 襉
稕 焮 襇
惃 圂
稕省 焮省 恨圂省 換省 襉省
質 術 櫛 物 迄 月 沒 曷 末 黠 鎋
鍺

桐城吳先生日記 纂錄上

山 刪 桓 寒 魂 元 殷 文 臻 諄 真

産 潸 緩 旱 很 混 阮 隱 吻 準 軫

襉 諫 換 翰 恨 慁 願 焮 問 稕 震

轄 黠 末 曷 沒 月 迄 物 櫛 術 質

先	僊	宣	蕭	宵	肴	豪	歌	戈	麻	陽	唐
	仙										
	同譜				爻						
省僊			省宵		同譜		省戈			省唐	
銑	獮		篠	小	巧	顥	哿	果	馬	養	蕩
	獮		篠			晧					
	同譜		同譜								
省獮			省小				省果			省蕩	
霰	綫		嘯	笑	效	号	箇	過	禡	漾	宕
	線										
	同譜										
省線			省笑			號	省過			省宕	
屑	辥									藥	鐸
屑	薛										

庚	耕	清	青	蒸	登	尤	侯	幽	侵	覃	談
									侵	覃	
									同譜	覃	
省耕清				省登			省侯幽			省談	
梗	耿	靜	迥	抍	等	有	厚	黝	寑	感	敢
				拯					寖		敢
				同譜			厚		同譜		同譜
省耿靜				省等			省厚黝			省敢	
敬	諍	勁	徑	證	隥	宥	候	幼	沁	勘	闞
映					嶝						
					同譜						
同譜	省諍勁		省證嶝陰	氏復省拯	入迥	省候幼				省闞	
陌	麥	㫺	錫	職	德				緝	合	盍
		昔									盍

鹽	沾	咸	銜	嚴	
	添				凡
同譜		嚴	咸	銜	
省添嚴			省銜凡		
玪	忝	湛	檻	儼	笵
		嗛			范
		儼	嗛	檻	
省忝儼			省檻范		
豔	栝	陷	鑑	醶	梵
	㮇			釅	
同譜		驗	陷	覽	
省㮇釅			省鑑梵		
葉	帖	洽	狎	業	法
	怗				乏

右表以說文韻譜爲主廣韻集韻字與說譜同者不箸其字異則

會依劉淵省併通用之部爲今韻所本故箸之以觀其變凡廣韻

者則一韻一位同用則同位

唐人舊韻四百卌九部韻譜所據之切韻則與廣韻部數略同

改併然以上平下平分卷則自集韻始今廣韻亦分下平則後人

先僊宣部下注一二三等字亦後人依集韻補注也　或謂部目

無之字則楚金別以說文字標目當依廣韻爲正然摹部有模而

類開部有咍而不以咍建類顥部有晧而不以晧建類笵部有范

建類暙部有稕而不以稕建類敬部有映而不以映建類法部有

乏建類知切韻部目本與廣韻不同字也　韻譜無痕部而上去

恨無凡部而上去入三聲有笵梵法疑痕凡字少韻譜本有此二

者失之如魂部後自痕字以下皆廣韻痕部之字惟部末一邨字

部此當是韻譜魂部之末一字而誤合者亂入痕字下也其嚴部

下皆廣韻凡部之字　韻譜先僊後有宣部廣韻合宣于仙而改

可考其仙部內自宣字以下皆韻譜宣部之字是其證也惟瞚之

在僊部而廣韻移入宣字下耳韻譜宣部無上去入三聲疑後人

合併之　獨用同用丘雍所定封演聞見記云切韻先刪山之類

屬文之士苦其苛細許敬宗等以其韻窄奏合而用之今案先仙

許之奏請合用謂審音苛細耳陸法言自叙云聲調既自有別諸

同支脂魚虞共爲一韻先仙尤侯俱論是切欲廣文路自可清濁
知音即須輕重有異然則臨文通用固陸之所許也今唐人通用
詳考故同用獨用之表自廣韻始　又據陸叙則支脂魚虞先仙
日六朝已有　韻譜沾部云沾益也俗作添非醶部云醶酒醋味
非今廣韻皆從俗作然廣韻添部云添本作沾益也知舊本廣韻
廣韻冬部無上聲腫部湩字注云此是冬字上聲然止一文故不
戴震考定廣韻上去聲末六卷謂各本皆景祐後途改从禮部韻
据吳才老韻補遂儼于豏檻之後据說文韻譜遂釅于陷鑑之後
入聲則周必大明言廣韻洽狎通用業乏通用而集韻遂之今廣
韻此爲後人妄改無疑余謂集韻部目之字多與韻譜同而廣韻
如集韻之儳同韻譜而廣韻作先集韻之沾同韻譜而廣韻作添
同韻譜而廣韻作董集韻依韻譜之噳而廣韻作夔集韻依韻譜
韻作獮集韻之筱廣韻作篠集韻之拼廣韻作拯集韻之莫廣韻

之綫廣韻作線集韻作隥廣韻改嶝集韻作搭廣韻改㮇集韻作
沃集韻之帖廣韻改怗及僊覃肴薛盇集韻形體廣韻亦改從添
集韻從韻譜而廣韻反類後出者其爲淺人妄改無疑　廣韻於
改易至多集韻惟殷改欣肴改爻醶改驗耳殷字以宣祖諱改廣
亦諱殷改欣其作殷者爲陳彭年等未修時本目也韻會爻復爲
敬皆還韻譜之舊又号改爲號凡韻會所改皆依南宋時韻略也
景祐中以賈昌朝請韻窄者凡十三處許附近通用於是合欣于
吻合焮于問合迄于物合廢于隊代合嚴于鹽添合儼于琰忝合
合業于葉怗合凡于咸銜合范于豏檻合梵于陷鑑合乏于洽狎
集韻通用改廣韻舊部者證窄韻十三甚有據惟謂賈昌朝請文
海云初說書賈昌朝言韻多無訓釋疑混聲重疊字舉人誤用詔
窄韻十三許附近通用混聲重字具爲解注據此則賈所請者得
解注耳其十三窄韻許通用則詔丁度刊定時所議行也

十家分部表

吳棫 張惠言 鄭庠 顧炎武 王念孫 苗夔 江聲 戴震 段玉裁 孔廣森

廣韻二百六部	東董送 冬宋 鍾腫用 江講絳	支紙寘 脂旨至 之止志 微尾未	魚語御 虞麌遇 模姥暮	齊薺霽 佳蟹卦 皆駭怪 灰賄隊 咍海代	附去聲 祭泰夬廢 至	眞軫震 諄準稕 臻
吳部九	東冬鍾 江陽唐 東轉	支脂之微齊灰 以上通	魚虞模	佳皆咍 以上轉		眞諄臻文殷痕 庚轉
鄭部六	東冬鍾江陽唐庚耕清青蒸登	支脂之微齊佳皆	魚虞模歌戈麻	灰咍		眞諄臻
顧部十	東冬鍾江	同	魚虞模侯			同
江部十三	同	同	魚虞模分麻			眞諄臻
戴部十六	同	支佳 分齊 ／ 脂微齊皆灰	同	分咍 ／ 之咍尤 分皆灰	皆祭泰夬廢	同
段部十七	同	支 佳 ／ 脂微齊皆灰	魚虞模侯	之咍		眞臻先
孔部十八	東鍾江 ／ 冬	同 ／ 同	魚模	同		眞諄臻
張部廿	同 ／ 同	同 ／ 同	同段	同	泰怪夬隊廢	同段
王部廿一	同 顧	同 ／ 同	同	同	至 ／ 祭泰夬廢	同
苗部七	東冬鍾江耕清青蒸登	支脂之微齊佳皆	同 顧	灰咍歌戈 分麻 分尤		鄭同

文殷元魂痕寒桓刪山先仙蕭宵　桐城吳先生日記　肴豪歌戈麻陽唐庚耕清青蒸登

吻問隱焮阮願混慁很恨旱翰緩換潸諫產襇銑霰獮線篠嘯小笑　巧效晧号哿箇果過馬禡養漾蕩宕梗映耿諍靜勁迥徑拯證等嶝

耕陽清青蒸登侵以上通　元魂以上轉　先仙鹽添嚴凡以上通寒桓刪山覃談咸銜以上轉　蕭宵　肴豪　歌戈通麻轉　併入江部中　併入眞諄臻部中

文殷元魂痕寒桓刪山先仙　蕭宵肴豪　尤侯幽　併入魚虞模部中　併入東冬鍾江部中

纂錄上

蕭宵肴豪　幽分尤　歌戈麻分支　陽唐分庚　庚耕清青　蒸登

文殷魂痕　元寒桓刪山先仙　同吳　同顧　同顧　同顧　同顧

同　宵肴　豪　歌戈麻分佳　陽唐庚　耕清青　同

諄文殷魂痕　元寒桓刪山仙　同吳　歌戈麻　陽唐　庚耕清青　同

先文殷魂　同　同戴　同段　同戴　同戴　同

同段　同　同吳　同　同段　同段　同

同　同　同戴　同　同戴　同戴　同

同顧　併入支脂之部中　同戴　併入東冬鍾江部中

尤 侯 幽	侵 覃 談 鹽 添 咸 銜 嚴 凡	
宥厚候黝幼	寑沁感勘敢闞琰豔忝㮇豏陷檻鑑儼釅范梵	
尤 侯 幽	併入真部 併入寒桓刪山部 併入先仙部	併入寒桓刪山部 併入先仙部
併入蕭宵肴豪中部	侵 覃 談 鹽 添 咸 銜 嚴 凡	
侯併入魚虞模部中 尤幽併入蕭宵肴豪中部	同鄭	
尤侯 幽 分虞 蕭宵 肴豪	侵 覃 分鹽談	談 鹽 添 咸 銜 嚴 凡 分覃
幽 侯 蕭 分虞	同江	同江
尤 幽 侯	侵 鹽 添	覃 談 咸 銜 嚴 凡
幽尤 蕭 侯虞	侵 覃 凡	談 鹽 添 咸 銜 嚴
同 段 同段	同段	同段
同 同段	同江	同江
同顧省	同鄭	

右表十家以廣韻先後爲次戴段以下移易廣韻次第或改立部目韻書流傳舊矣今顛倒先後改立新名未足徵信將來徒爲紛云耳此表舉平以該上去戴氏張氏皆以去聲祭泰夬廢等別爲一部王氏又分立去聲祭至二部謂此諸韻皆有去入而無平上者故附箸之其入聲分合諸家不同戴氏以十六部分屬入聲九部爲廿五部自云若入聲附而不列則十六部今入聲別爲表從戴氏附而不列之說也孔氏十八部今止十七部張氏廿部王氏廿一部今皆止十九部者孔張皆以入聲緝合以下九韻別爲一部王又分緝盍爲二部也

七家入聲分部表

顧氏謂入爲閏聲又改易舊韻分配平上去之部次自顧氏始故以顧爲表首苗氏以平該上去入故不別表

舊韻	屋 東董送	沃 冬宗	燭 鍾腫用
顧 四部	屋分 魚語御	屋分 虞麌遇模姥暮	燭
江 八部	屋 東尤侯	分 幽蕭	沃分 冬
戴 九部	屋 東 幽侯蕭	燭 鍾 分虞	沃分 冬
段 八部	屋 東	沃 尤侯 冬	燭 鍾 幽
孔 八部	屋 侯 東	燭 虞 鍾	沃 幽尤蕭 冬
張 九部	屋 東 尤幽侯	沃	燭 魚侯 鍾
王 十一部	屋 侯		沃 幽

覺 江絳 講
質 眞震 軫
術 諄稕 準
櫛 臻
物 文問 吻
迄 殷焮 隱
月 元願 阮
沒 魂慁 混
曷 寒翰 旱
末 桓換 緩
黠 刪諫 潸
鎋 山襇 產
屑 先霰 銑

桐城吳先生日記

薛 仙線 獮
藥 陽漾 養
鐸 唐宕 蕩
陌 庚映 梗
麥 耕諍 耿
昔 清勁 靜
錫 青徑 迥
職 蒸證 拯
德 登嶝 等
緝 侵沁 寑
合 覃勘 感
盍 談闞 敢
葉 鹽豔 琰

覺分 藥分 鐸分 陌 麥分 昔分
模姥 暮 麻馬 禡 侯厚 侯 侯厚 侯 侯厚 侯
屋分 蕭篠 嘯
沃分 宵小 笑
覺分 肴巧 效
藥分 豪晧 号
鐸分 豪
錫分 豪
質 分支

術 脂旨至
櫛 之止志
昔分 之
職 之
物 微尾未
迄 微
屑 齊薺霽
薛 祭
錫分 祭
月 佳蠏 泰
沒 皆駭 卦
曷 灰賄 怪
末 咍海 夬

覺分 燭 鍾 虞分
覺 江
錫分
質 眞脂 分先
術 諄脂
櫛 臻
物 文微
迄 殷微
沒 魂灰
屑分 齊
薛分 祭
月 元廢
曷 寒泰歌
末 桓泰戈

纂錄上

黠 刪皆
鎋 山夬
屑分 先
薛分 先
藥 陽 分唐 宵魚虞模豪
鐸分 沃分 宵豪
覺分 肴
陌 庚麻
麥分 麻
昔分 麻
錫分 蕭
麥分 耕佳

覺 江
質 眞脂
術 諄脂
櫛 臻皆
物 文微
迄 殷微
沒 魂 分咍 灰
屑 先痕 齊
月 元廢
曷 寒泰
末 桓泰
黠 刪皆
鎋 山夬
薛 仙先祭
藥 陽宵
覺 唐肴
沃 庚豪
鐸分 陌分 錫分
鐸 歌魚虞模
陌 麻戈 分麻
藥分 分支 分蕭
昔 政 清支
錫 青 分齊

覺 江
質 眞耕庚
櫛 臻清
屑 先青
術 脂諄
物 微文
迄 齊殷
月 魂元
沒 灰痕
曷 寒
末 桓
黠 皆刪
鎋 山
薛 仙
藥 魚虞陽
鐸 模唐
陌 歌
麥 支
昔 佳 戈麻
錫
職 之宵蕭蒸
德 咍肴豪登
緝 同
葉 舊
怗
合 同

覺 宵肴江
藥 豪陽
麥 支耕
錫 佳青
質 脂眞
術 脂諄
櫛 臻
物 微文
迄 微殷
月 廢元
沒 灰魂
曷 泰寒
末 泰桓
黠 皆刪
鎋 夬山
屑 齊先
薛 祭仙
鐸 唐
陌 魚模庚
昔 清
錫
職 之蒸
德 咍登
緝
合
盍
葉
別爲一部不配侵覃九

覺
質 耕文眞
櫛
屑
術
物 文
迄 脂
月 元
沒
曷
黠
鎋
屑
薛
脂微齊皆灰
泰怪夬隊廢
藥 蕭宵肴豪
鐸 陽談歌 魚
陌 虞
昔 模
麥 歌支
錫 佳
職 蒸幽之
德 哈
緝合盍 陽侵脂
謂此九韻無平

質 至 無平上
術 脂
月 祭 無平上 以王字爲部首
藥 宵
鐸 魚
麥 支
職 之
緝 無平上去
盍 無平上去

怗洽狎業乏
添㮇咸陷銜鑑嚴釅凡梵
忝豏檻儼范

黠 鎋 麥分 德 屋分
隊 代 廢 哈 分尤
緝合盍葉怗洽狎業乏 此九韻分配侵覃以下九韻與舊同

昔分 錫分 麥分 職 德
淸支 靑 蒸之 登哈
緝分合分葉分洽 同舊
分合分盍分葉怗洽狎業乏 緝盍分二部其分配同舊

麥（改蘖耕隹） 職蒸之 德登哈 屋分尤分皆分灰
緝 合分 盍 葉
合盍葉怗狎業乏 緝合以下二部分配同舊

盍洽狎業乏
舊

怗洽狎業乏 孔氏十部無入
顧謂爲覃鹽諸韻之陰聲不能備三聲

葉怗洽狎業乏 張一入
上去別立一部與孔同 氏十部無
王氏十部無入

右表七家顧氏六部無入江氏以下皆主異平同入之說王氏考入聲以屋爲侯部之入至祭二部無平上二聲緝盍二部無平上去三聲其說此五部特詳其餘從略蓋皆與江段無異其無入者凡十部段張分部入聲各有專屬之部而不著同入之部今考其說同入者并附表中張謂緝合九韻無平上王懷祖取之然其言同入之部則又謂陽侵之三部之入在緝部

五家合韻表

顧江無合韻之說王亦未言其稱合韻始段氏而戴氏正轉旁轉之說乃其先聲孔張又推極之後有丁履恒爲形聲通合篇說之尤詳履恒字若士武進人

戴 四例
微轉
脂轉皆
蒸轉登
之轉哈

段 六類
第一類
之 宵蒸同入職德
哈 而裘字求聲在此部
第二類

孔 十二偶
陽聲陰聲
元 歌
寒 戈
桓 麻

張 五法
通 本一部分爲二
冬東一部
蒸侵一部
耕眞一部

丁 四科
比類通合
東冬侵談爲一類
陽耕眞文元爲一類
脂祭支歌爲一類

幽轉侯
支轉佳
魚虞轉模
侵轉覃
共入五轉
真轉脂
文轉微
魂轉灰
先轉齊
換轉泰
咍海等轉登
侯轉東
厚侯絳轉講

蕭 朝字舟聲而在此部
宵
肴
豪
尤 牡字土聲而在此部
幽 侯東同入此 屋沃燭覺
侯 侮字每聲而在此部
魚 陽同入藥鐸 股殺字殳聲而在此部
虞
模
第三類
蒸 仍孕字乃聲而在此部
登

刪
山
仙
耕
清
青
與真諄同部用
真
諄
臻
先
文
殷
魂
與耕清青同用

支 麥
佳 錫
與脂微通用
脂
微
齊
皆
灰
術櫛物迄月屑薛黠鎋曷末
與支佳同用

文元一部
脂祭一部
祭緝一部
脂之一部
之幽一部
幽宵侯一部
韻類凡同類者多合韻
冬東蒸侵談爲一類
談陽爲一類
陽耕真文元爲一類
脂祭緝爲一類
支歌之爲一類
脂祭緝支歌之爲一類

幽宵侯侯爲一類
蒸之爲一類蒸亦可傅東冬侵
之亦可傅脂
談
祭支歌
屋沃燭覺藥鐸爲一類
陌麥昔錫職德爲一類
右二類爲支歌之宵幽侯魚之入
質術櫛物迄月
沒曷末黠鎋屑
薛祭爲一類此脂祭之入
緝合盍葉帖洽

桐城吳先生日記 纂錄上 兲

模轉歌戈
支轉清
聯貫遞轉
蒸登轉來
之咍轉尤
職德轉屋
東冬轉江
尤幽轉蕭
屋燭轉覺
陽唐轉庚
藥轉錫
真轉先
侵轉覃

侵 參字參聲而在此部
鹽
添
覃 葉字世聲而在此部
談
咸
銜
嚴
凡
第四類
東 送字侯聲而在此部
冬
鍾

痕
陽
唐
庚
東
鍾
江
冬
與侵蒸二部通用
侵
覃
凡
與冬通用

魚 模 鐸 陌 昔
侯 虞 屋 燭
幽 尤 蕭 沃
與宵之二部通用
宵 肴 豪 藥 覺
與幽尤蕭通用

之幽宵侯魚爲一類
冬東蒸侵覃陽庚真無入者自爲一類
元文脂祭緝支歌之幽宵侯魚有入者自爲一類
韻等凡系連者比近相合
冬 一等
東蒸侵談 二等
陽 三等
耕真文元 四等
脂祭 五等
緝 六等
支歌 七等
之幽宵侯魚 八等
同 東蒸侵談
等 耕真文元
相 脂祭 支歌

狎業之爲一類 侵談之入
東冬 以下皆比類通合韻目
冬侵蒸
陽元耕真
真文元
脂祭支歌
之幽侯
幽宵侯魚
同入通合
脂之入質櫛術 真文
微之入物迄 寄之
皆之入黠
灰之入沒 元寄之
祭之入月薛
泰廢之入曷末鎋

藥轉陌
覺轉麥錫
歌轉麻
魚虞模轉麻
鐸轉陌
旁推交通
眞轉蒸青
寒桓轉歌麻
之轉眞支
幽侯轉虞
屋燭轉錫
宵轉魂
之支佳轉麻

江
陽（彭字彡聲而在此部）
唐
庚
耕（嬴字嬴聲而在此部 眞同入質櫛屑）
清
青
第五類
眞（矜字今聲而在此部）
臻
先
諄（存字才聲而在此部）
文（元脂同入術物迄月沒曷

蒸
登
談
鹽
添
咸
銜
嚴

右陽聲九類
陰聲九類
本韻十八併爲

冬侵之幽宵侯魚通用
之幽宵職通用
哈德
鹽之陰聲併爲緝
談之陰聲併爲合
盍
添之陰聲併爲葉
帖
咸之陰聲洽
銜之陰聲狎
嚴之陰聲業
之

合之幽宵侯魚
東蒸侵上合冬
談下合陽
陽上合談下合耕眞支元
文合脂
元合祭
緝上合祭下合支歌
脂下合之
歌下合之幽宵侯魚
支
右比等相合
冬爲聲宮凡無入之類皆可合韻
之幽魚三部爲聲之委

支之入錫昔麥
佳之入麥
之之入職
哈之入德
尤之入屋
幽之入屋
蕭之入錫
宵之入覺
豪之入沃
侯之入屋
虞之入燭
魚之入藥
模之入鐸
麻之入陌昔
侵覃添咸凡談鹽
銜嚴之入緝合帖
洽狎之盍葉業
耕蒸寄之
東寄之脽
冬無入
陽寄之歌
亦寄之
東侯以下皆同入通合韻自
陽魚
蒸之
耕眞文脂支

歌轉支佳
模轉支
侵凡轉東
前三例爲正轉
後一例爲旁轉
以正轉知其相
配及次序而不
以旁轉惑之以
正轉之同入相
配定其分合而
不徒恃古人用
韻爲證審音本微
一類而古今之

欣（末點鎋薛）
魂
痕
元（憲字害省聲而在此部）
寒
桓
删
山
仙
第六類
脂（截字雀聲而在此部）
微
齊

其通用之部爲通韻十二又陰陽相配對轉則亦六類也

亦爲聲之發各部俱有合韻惟冬部不韻
東蒸侵屬之幽
談陽耕屬魚
眞文元脂祭
緝支歌又屬之幽又屬魚
談緝支之三部爲幽與魚之轉各得兼合
文元二部爲入諸部之界又爲之幽魚三部之原與三部尤相出入此亦依等而分
同入
冬部無入聲
眞之入在幽侯

元祭
同列通合
右列八部近則通遠則否
東鍾江
談鹽銜嚴　東通談
陽庚唐
元寒桓删山仙　陽元而不及祭
祭泰夬廢
歌戈麻支　侵通耕
宵肴豪　眞脂而
魚模麻　不及支
左列十部
冬
侵覃添咸凡
蒸登
耕清青
眞臻先附諄文魂痕
脂微齊皆灰
支佳
之哈尤
幽蕭
侯虞
東談陽元以

文偶不相涉不皆得以不相涉者爲斷審音非一類而古人之文偶有相涉始可斷爲合韻

灰 支 佳 歌 戈 麻

狄字亦省聲而在此部

支同入陌

麥昔錫那字冉聲而在此部

同類爲近異類爲遠非同類而次弟相附爲近相隔爲遠

合韻目

蒸之入在之 侵之入爲緝 談之入在魚緝 陽之入在魚 耕之入在魚 文之入在祭脂 真之入在祭脂 元之入在祭緝 脂之入在祭緝 祭部無入反紐 緝部反紐近之祭 歌之入在支魚 之之入在本部 幽之入在本部 亦在之 宵之入在本部 侯之入在幽亦在 本部 魚之入在侯亦在 本部 耕真聲入脂 脂聲入文 祭聲入緝 歌聲入文真 耕聲入歌 諸部聲從之幽 魚來者不拘同

侵蒸耕真幽 元祭歌宵魚 真文支幽 支幽侯

從類旁合

東 從侯合魚幽之 從陽合耕 從冬合侵蒸

冬蒸 從東合陽 從侵蒸 蒸從

合耕真 真合文元 從人合祭歌

談 從陽合魚 從蒸合之

侵耕 從侵從耕從

真合脂祭 真合文元 侵耕從

幽合宵

入

旁合

陽 從魚合侯 從元合真文

真文 從脂合支 之

元 從祭合脂支 之 從宵合幽

支 從歌合魚 從之合幽侯

歌 從宵合幽 從 魚合侯 從支 合脂

如合之則從之元合幽又從之合支脂皆在其類

之 從幽合宵 從侯合魚

右表五家 國朝諸儒議吳才老之韻分合疏舛自合韻之說興而韻部更視宋儒者之言爲泛濫矣如鄭庠六部段氏亦分六類又益以同入通合則鄭所無也孔氏十二偶相配亦六類矣張氏又爲韻等之說推之愈詳而韻部愈寬丁氏宗張之說又加詳焉王懷祖讀其書病其以韻害辭甚哉古韻之難言也大抵考古則分部多疏審音則分部尙密用沈以前文章之士多

通小學其用韻皆有依據今但取詩易楚辭求三代之韻而一以毛詩爲主於三百篇中不可强言者則以合韻通之於秦漢以後不能盡合者則以爲異於三代吾未見其當也司馬相如楊子雲之徒所爲文與詩騷何以異其凡將訓纂諸書皆說文之所本今據說文諧聲以譏楊馬之用韻謂其不合三代豈非蔽與今自秦碑以下至江鮑徐庾諸家掇其文辭之韻箸於篇以究古今之變

秦刻石韻第一

昔蕭子良集賓寮讀會稽刻石而不得韻惟范雲讀之如流此陸法言以前考韻於秦碑者也漢志李斯作倉頡七章爲秦以來小學之祖秦碑皆李斯所爲也故考詩騷以後之韻必以秦碑稱首

飭職 服屋 極職 德德 式職 革麥 泰山 德 極 福屋 殖職 革 賊德 式 琅邪 德 服 極 則

德 意志 職 按集韻職部意古作意 式之衆 息職 服 域職 碣石 職德部 入屋麥

治志之 寘韻有兩部兼收之字古人則不兩讀 誨隊 志志 事志 嗣志 戒怪 泰山 事 富宥 志 字志 載

代 意 帝霽 地至 懈卦 辟寘 易寘昔 晝卦陌 琅邪 寘至部 入隊怪宥代霽卦陌昔

按霽至寘卦之字與志部爲韻近儒支脂之爲三部又分祭泰怪夬與至部爲二其說誤矣 古人四聲自有輕重雖通用而不得目爲一韻如泰山刻自皇帝躬聖以上在職德以下轉入寘至志部琅邪刻皇帝之功以上在紙旨止部以下轉入寘至志部之衆刻皇帝哀衆以上在紙旨止部以下轉入職德部雖此諸部皆可平仄通用而文字節奏既變實已分爲兩韻其未變而偶雜一二字乃是四聲通用耳

始止 紀止 子止 理止 士止 海海 里止 不有尤物 止止 紀 琅邪 起止 海 始 紀 理 已

止 之衆 理 始止 起 久有 紀 嶧山 止部 入海有

怠海 旗之 疑之 尤尤 治 衆尤 之衆 東觀 之部 入海尤

土姥 戶姥 夏馬 者馬 馬馬 宇麌 琅邪 阻語 按上初一泰平平字不韻淩稚隆改爲宇 撫麌 序語

語 矩麌 語麌姥部 入馬

明方陽行唐庚亙荒唐莊陽常陽王陽明方長陽行琅邪方陽明彊陽王兵庚之罘東觀長方莊明章陽常彊兵方殃陽亾陽疆陽會稽王方彊明方長嶧山陽唐部入庚

平庚成清經青琅邪清清名清情清貞清誠清程清經令清平傾青銘青會稽清青部入庚

按陽唐與庚耕清青本通用之部然琅邪會稽二刻由陽唐轉入清青節奏皆變故分著之

附秦碑韻變例

按秦碑三句一韻兩句一韻此正例也然兩句一韻中有句句入韻者有下句與下句爲韻上句亦與上句爲韻者三句一韻中有連三句入韻者有弟一句與弟三句爲韻者有第二句第三句連韻者有上韻弟一句與下韻弟一句爲韻上韻弟二句與下韻弟二句爲韻者音節變化參差不得概以兩句一韻三句一韻讀之附記於此如琅邪刻皇帝之明與方韻皇帝之德與極韻人皆知之又以明人事與子韻聖智仁義與理韻應時動事與常韻方伯分職與易韻端直敦忠與常韻誅亂除害與福韻節事以時與殖韻其後

記知教不同與明韻此皆句句入韻也六合之內以下內沙海至帝德爲韻沙有斯音故與內韻此皆上句與上句爲韻也泰山刻夙興夜寐建設長利與誨韻之罘刻皇帝東遊巡登之罘與海韻其東觀刻皇帝明德經理宇內與忿韻作立大義昭設備器與旗韻此皆連三句入韻也泰山刻皇帝臨位與飭韻從臣思迹與德韻昭隔內外與紀韻之罘刻大聖作治與紀韻六國回辟與已韻其東觀刻武威旁暢與王韻黔首改化與尤韻羣臣嘉德與罘韻碣石刻惠被諸產與所韻會稽羣臣誦功與明韻暴虐恣行與兵韻貴賤并通與情韻嶧山刻既獻泰成與方韻此皆第一句與第三句爲韻也泰山刻諸產得宜與式韻垂於後世與革韻遠近畢理與志韻之罘刻光施文惠與理韻遂發討師與德韻會稽刻始定刑名與章韻貪戾傲猛與彊韻以事合從與方韻嶧山刻阤及五帝與止韻此皆第二句與第三句連韻也泰山刻治道運行與大義休明爲韻會稽刻秦聖臨國與初平法式爲韻內飾詐謀與義威誅之爲韻飾省宣義與防隔內外爲韻嶧山刻攻戰日作與世無

萬數爲韻此兩韻第一句與第一句自相韻也之罘東觀皇帝春游與遂登
之罘爲韻清理疆內與振動四極菑害絕息皆韻會稽刻兼聽萬事與攷驗
事實爲韻人樂同則與常治無極爲韻此兩韻第二句與第二句自相韻也
若會稽刻夫爲寄豭與妻爲逃嫁說之無罪與子不得母韻連六句用三
韻尤爲奇變又如之罘刻維廿九年時在中春年與春韻東觀逮于海隅遂
登之罘與之罘韻碣石刻遂興師旅誅戮無道旅與道韻嶧山刻皇帝立國
維初在昔討伐亂逆威動四極國昔逆極回環相韻皆變之變者近人強分
韻部失其韻者多矣

賈誼韻第二

揚子雲論詞賦謂賈誼升堂相如入室太史公蓋以相如繼詩易春秋而賈
誼附著屈原傳中則亦以爲離騷之流亞也故箸賈誼韻第二

沙麻 羅歌 弔屈　歌麻部

生庚 身眞 弔屈 顧氏以庚耕青與眞諄臻通韻者爲方音之不同江氏取之汝綸謂臨文而雜用鄉邑方音似非大雅君子之所爲且易

傳鄒魯之文屈宋楚人賈生洛陽人何爲同此方音乎 [成]刑青 丁青 [名]生 服賦　庚清青部 入眞

祥陽 翔陽 藏唐 羊陽 弔屈 [明]風東 汝綸案風古人以韻心林素問四氣調神論天氣以急地氣以明早臥早起與雞俱興以明韻興詩維予侯興以興韻林心此明風相韻之由也 [方]羊旁唐 商陽 翔 鄉陽 藏 衡庚 狂陽 [長]功東

藏 羊 借誓 喪唐宕 翔 服賦　陽唐部 入庚東

[久]咎有 秦嶧山刻以久韻起弔屈賦以久韻咎江氏云久有二音　有部

[忌]植志職 弔屈 錢大昕云古植置同字 大泰 敗夬 世祭 服賦　志部 坳泰夬祭

逝祭 [止]止 [已]止　止部 入祭

之之 菑之哈 期之 謀尤 時之 服賦 [之]裁哈 哉哈 借誓　之部 入哈尤

浮尤 休尤 舟尤 游尤 憂尤 疑之 服賦　尤部 入之

廉鹽 銛鹽 弔屈　鹽部

故暮 瓠暮 語語御 去語御 弔屈 故 度暮 去 服賦　御暮部 入語

夏禡 舍禡 隅虞 暇禡 服賦 壄馬 下禡馬 借誓　禡部 入虞馬

驢魚 車魚 辜模 都模 下 去 魚魚 蟻紙 弔屈 索隱螻蟻作蟻螻或依集韻讀螻龍昧切汝綸謂古人魚紙自可通

讀曲燭 濡虞 虛魚 軀虞 與魚 騑微 汝綸案騑之韻與即而通如居讀 姬之理也古人此兩部多通韻 車墟

魚 惜誓 拘虞 俱虞 服賦 魚虞模部入紙微禡御

息翼職 意息伏屋 域福繆德 極則極或德 意息 服賦 息直職 國德賊

職德部

珍真 螾真 弔屈 遷仙 還先 嬗線 言元 摶桓 患諫 紛文 垠真 服賦 真至仙部入線諫

旱旱 遠阮 轉獮 服賦 反阮 遠 惜誓 阮至獮部

工東 銅東 東東 同東 服賦 東部

我哿 可哿 服賦 哿部

謗鐸 索鐸 惡鐸 石昔 惜誓 鐸部入昔

枚乘韻第三

司馬相如見枚乘而說之遂游梁與諸生同舍數歲乃著子虛賦及乘卒武帝得其子皋而大喜當時推重乘者至矣乘所為七發後世展轉仿效至成

七林覓哉其詞賦之雄乎其遺文見於今者希古文苑所錄菟園賦稍脫誤難讀玉臺新詠有枚乘雜詩九首其八皆在文選十九首中韓退之稱五言起蘇李殆未審矣茲并錄之為枚乘韻第三

問問 安寒 閒山襇 堅先 閒 飯阮願 散旱翰 天先 運問 蹇獮 紛文 先先 圻微 門魂 汝綸案圻之韻門猶詩庭燎之以旂韻晨左傳童謠之以旂韻振也 江氏謂旂圻等字古今音皆入文脂之微部未為得矣

換 山山 岸翰 畔換 湲山 延仙 言元 觀桓 算換 七發 津真 分文 桓桓 亂 汝綸案江氏分真諄臻文殷魂痕為一部元寒桓刪山仙為一部先韻分屬兩部於毛詩之通韻者強為分辨於周易楚辭則謂其用韻已雜余謂此明於審音而昧於用韻近儒多有此失夫審音則音之同類者希不惟可分十四韻為二類雖析之為百餘類可也若考用韻之理則古人之文固無牽率他部強成文理者韻書未興以前詞賦家所用之韻固必有道安得以雜目之又況聖哲之經騷乎

鸞庚 鎮震 天淵先 天山安 難寒 聞文 言幹翰 然仙 諫 吳欒桓

旋先 衍獮 崙魂 山 紜文 亂 散 幡元 藏 聞 汝綸案鸞之韻鎮與賈生以生韻身正同衛詩碩人以倩盼為韻之理也

藏之韻聞猶詩抑之以行韻言易傳之以炳韻蔚君也 紛文 雲文 端桓 扁先銑 閑山 彈寒翰 鞭仙 分 便仙線 菟園

遠阮 緩緩 反阮 晚阮 飯 雜詩 凡相通之部四聲雜用皆不注入某韻後并同此 真至仙部入微陽與

甯青 平庚 年先 汝綸案下有條上造天天與莖韻此平年為韻亦同 醒清 瞑先 聽青徑 聲清 生平傾 汝綸

案瞑眠古今字與醒聽聲等字爲韻亦天莖年平之比也 鵲情 纓清 鳴庚 鱗眞 苓青 顧氏謂苓古力珍反七發始以鱗苓與鳴
莖爲韻江氏又引左傳逸詩令與挺局定爲韻疑令字古有郎丁反易傳以正韻命未可盡以爲方音汝綸案江氏於此又不取顧氏方音之說頗自矛盾古
人一字固有數音豈宜執一音以爲足且如此文鱗字何以入韻耶 莖耕 天先 汝綸案天字易傳多與正形生平爲韻楚詞哀郢以天韻名
七發 庚耕清青部 入先眞
林侵 風東 陰侵 心侵 音侵 乘蒸 證 馮東 林 潯侵 風 心 衾侵 江氏謂侵覃部字詩易有與東冬蒸登韻
者方音也汝綸案顧氏創爲方音之說但論易傳江氏至以論詩不亦傎乎余謂蒸登與侵覃古多通用其東冬部字乃蒸登之流變者耳
侵部 入蒸東
子止 處語 鉏 毋厚 父麌 所 汝綸案詩七月以子韻處閟宮以子韻魯禮運以子韻祖陳第謂子有二音一與紙叶一與語叶其說是
也江氏駁之疏矣詩蝃蝀以母韻雨皆此文毋二字之證江氏因便偶借之說蒙所不取 子厚 厚 署語 江氏引白渠歌以口後斗所雨爲韻
遠黃慕德歎厚與雨韻亦知古厚語二部通韻乃以平聲侯韻爲不入魚因盡上聲厚韻不以入語是武斷也殆不可從 解蟹 汝綸案下筋骨挺解
亦與寤後爲韻也 斧麌 藥 藥 解蟹 獄麌 後厚 藥 牙麻 巳 去 汝綸案上子處爲韻此已去爲韻詩常武士祖以爲韻皆止
語二部通用之證 腴虞 蒲模 膚虞 臑虞 醬漾 汝綸案醬入此韻猶離騷之以迎韻故樂記之以廣韻旅也 炙禡昔 鱠
泰 汝綸案鱠韻炙蘇猶外韻處路 蘇模 茹魚語 酒有 口厚 牡厚 車 虛 處 外泰 轡 至 路暮 汝綸案此

桐城吳先生日記 纂錄上 兲

疑以外轡爲韻處路爲韻然古人紙微入禡止入語則至泰亦可入語暮爲韻 後候 御御 右宥 汝綸案右字古多與止起韻此則與後御
韻 注遇 構候 綠燭 曲 鷺暮 鵠沃 樂藥 舒魚 娵虞 徒模 與語 若藥 澤陌 御 樂 馬 輿
澤 莫鐸 作鐸 薄鐸 錯鐸 帛陌 若 席昔 炙 客陌 起 耳止 悔賄 汝綸案此三句閒厠客諸二韻中亦
與上下通韻也 諾鐸 石昔 數昔 足燭 濁覺 目屋 白陌 繹昔 武麌 怒姥 暮 馬 鼓姥 口 走厚 七
發 鵠燭 谷屋 屬燭 屬 轂屋 蹶月薛 躍藥 茂候 苴魚語 者 步暮 菟暮 射禡 炙昔 莫暮鐸 女語
古文苑作採桑之婦人文選謝靈運合吟行注引作採桑之女今從選注 紆虞 古文苑有袿禓錯紆四字選注誤脫 路 鬢 選注作鬐
汝綸案當作鬓字從戌得聲當在候部而韻書失之正字通以爲髮之誤字非是 顧暮 菟圃 女 杼語 雨麌 許語 語 屬
綠速屋 促燭 束燭 玉燭 曲 促 躅燭 屋屋 雜詩 汝綸案雜詩用韻最嚴以推之語虞屋燭當爲一部 文
魚語遇部 入止蟹至泰
柳有 牖有 手有 婦有 守有 雜詩 有部 此部亦與魚語通韻以此詩不雜他韻故分著之
極 轖職 汝綸案久耽安樂與邪氣襲逆亦閒何爲韻樂在藥部逆在陌部 力職 之 是紙 廢廢 內隊 及緝
汝綸案及與內韻呂覽辨士必厚其勒爲其唯厚而及以及韻勒是其證 子 識職 志 事 意 側職 翼 志 至至 事 類至 折薛
逝祭 蠆泰 裔祭 職德部 入緝 此四聲一韻以字多分識

機微媒灰曼願隨支汝綸案詩東門之枌差原爲韻是此文曼隨之證枝支離支谿齊之飛微槐皆

溪齊谿字同悲脂之能登餐寒胎咍汝綸案餐胎爲韻猶上曼隨爲韻也止起臺咍海有有該

咍耳止起耳悔已見魚語部海溪止汝綸案秉意乎南山與虹洞兮蒼天亦閒句爲韻母止來咍怠持之齒

止意汝綸案此以足濁相叶三句一韻而與藏韻齒與意韻上二句自相叶也中里止疾質起畏未汝綸案觀以祭其雨旁紙極埶

下至此始爲一韻此韻中鬱窔律卒又別自爲韻句也隈灰追脂死旨壞怪戲支池支罷支蠏支灑

側微徵非微一質之起出術已七發知支爲支基之胎來諫吳隑咍隗灰汝綸案廣韻集

案隗乃嵬之別體簃支廣韻無此字集韻簃山也汝綸案說文𨸏簃草萎簃萎簃連綿字萎簃猶萎簃也汝綸案廣韻集又埃

韻巍並無此字廣韻峽嵬兒集韻隗隑長兒疑峽乃峽陳之別體在咍部

案范圍賦西山隑隑郿焉隗隗巻嵃崣嵃嵒巖崷崒巍巍焉暴慄激揚塵埃

此文多脫誤巍隑上當脫一字上當埃咍菲微蛙佳離麗霽汝綸案爾雅覭髳茀離也茀離連綿字此茀麗當爲物名

亦連綿字焉上當脫一字至衰脂本作襄張惠言定爲衰芝之來視至汝綸案芳温往來與

與彼正同字熙之衰至衰脂本作襄張惠言定爲衰芝之來視旨汝綸案不可忍視隔數句爲

韻中包分使一韻萋齊哀咍歸微飢脂何歌何台同聲故與飢韻毛詩吹和爲是

來下接字誤衍一韻萋齊哀咍歸微飢脂何歌汝綸案倘書如台史記作奈何是爲

韻顧氏改吹入歌戈江氏改和入支不知古人二部本通韻也菀圍齊齊咍皆悲萋齊徊灰哀咍稀微飛微

離涯支知枝滋之時期思之癡之滋思之時帷脂徊歸誰脂衣微雜詩支之部

桐城吳先生日記〈纂錄上〉

熬豪和過段玉裁謂易傳以弱韻過汝綸謂此文用韻似亦其類然易象傳自以大韻過以橈韻弱未必如段說也此熬和或本非韻句過部入豪

七發差麻過過諫吳

巧七發巧鳥篠草皓道皓浩皓老皓雜詩巧皓部

歠薛雪薛軼七發屑拔黠汩沒汾文汝綸案此部亦支紙寘之入聲詩北門敦遺

與眞文同入聲戴氏所云共入也汝綸案此部亦支紙寘之入聲詩北門敦遺爲韻谷風善怨爲韻杕杜近邇爲韻蓋支微

互轉者也故此二部往往通韻汔迄忽沒慄質汩質鬱物突沒硉沒卒沒七發

駭駭絕薛結屑出髮月脫末蘖曷絕拔末諫吳發月奪末案古文苑心相秩奔

綸謂以七發汾汔相叶推之則羽蓋繇起被以紅沫沫字當從其注云一作奮又奪汝

秩奔奔字亦韻秩奔當卽佚奔竭月薛沫末汝綸案集韻味黑光也通作沫此

訓雪薛菀圍屑薛部入文

慌蕩儻蕩瀁養曠宕翔張陽裝陽兵耵唐彊將陽行當唐山場陽汝綸案山場爲韻卽借誦

以明韻身桑唐行七發昌陽亾滄唐揚陽用送梅會亮改用爲昌汝綸案用

之類也數句韻極變化損亾諫吳容鍾往養菀圍與亾自韻梅妄改又案此文

數句韻極變化損亾諫吳容鍾往養菀圍陽唐部入山

蠡爲韻益大爲韻亾諫吳容鍾往養汝綸案蠡當爲蹏之字七發豨合菀圍案廣韻集韻並作濁合合合部入祭

𡏖合蹏祭汝綸案蹏當爲蹏聲之字七發豨合案廣韻集韻並作濁合合合部入祭

司馬相如韻第四

司馬相如傳第四

男闓生謹案是書先公纂輯未竟僅至枚叔而止卅
如一家則但有草稿而未輯入冊今不敢佚附錄於后

田先存魂濱真山山麟真輪諄功東人真人年先圜元無虞覘姥澤陌擇餘

魚鬱物崒術差支虧支紛文雲文陀歌河歌堊鐸坿遇銀真鱗

貞吾模夫虞圃姥補模且魚曼桓山頹元葭麻胡模盧模于虞圖模

池支移支華麻沙麻鼉歌黿元桓章陽楊陽滂陽鸞桓干寒豻寒蜒仙

獸宥輿魚戟陌箭綫御御舒魚獸宥虛魚駼模騏之利至至至擊錫背寘

鰲霽地至與語怒暮懼遇詘物態代縞皓穀屋綢宥曲谷祈微削藥

鬐支靡紙蘂泰蕙霽蓋泰蓬脂綏脂忽物鬚虞隄齊鷄齊施支鵝歌加

麻也鶂錫柤祭帷蓋貝泰籟泰喝大駭沸未會泰礚外燧至隊隊喬臺

若叶之輿娛虞如魚僕屋里國士有哉義可楚邪麻采尤諸魚界

怪外芥怪偉尾類至崒術記志計霽位至大泰子虛藩愼限田極北德渭

不內態代來浦姥埜語下口埼微埼廣韻又支韻崎集韻湃怪汨質漸櫳折薛

列薛漑未代盞霽瀨泰沛泰墜至礚泰淈沒沸未沫末疾質懷皆歸回灰池

桐城吳先生日記 篆錄上 兲

螭支離紽鐸納合翼夥果靡紙砢哿爛翰汗翰玉燭目渠魚盧模

濫闞淡闞蕩宕渚語藻皓藕厚峨歌差峩埼崎微支谷屋瀆屋閉馬鳴

皓瑰賄藟旨嵔賄靡豸紙鷖屋陸屋築屋蕙離夷脂莎戈蘭干寒

蓀魂頹元原元衍烈薛越月勃沒芴勿忽崖佳陂支波戈榛之麋脂題齊

犀齊河歌駝歌贏戈谷閣鐸屬宿屋堂唐成房陽見嚴天軒元廂陽

清樂庚庭青傾嶸庚生庚鱗開焉仙孰屋樓侯樸覺屋梅陶陶棣霽支支

圜元原蓺槷扈姥野櫧魚櫨模餘魚閭魚檀寒蘭章貞抱皓

林侯倚紙佹紙骪紙砢灑紙珍侵風音宮東窮韓絹谷陽絹雖支貓

旨蛻紙鳴經顛先榛臻間還處舍具遇虬旗游乘中簿者陸櫓

起地離追裔施狠羊蘇虎馬坻水豕氏豕腦倒哀來態去

獸兔耀宙羽虞處仆浮猋俱雞蟻皇明彈還羊紘鄉闕巒寒春

首柳略獲轢若藉剟伏藉谷澤倉臺宇鉅鼓歌和波遮歌起

耳音風徒都飾約嫋削屑服鬱郁觻藐側侈此統隸至禁仍

足獨罰色始 囿塗虞 鶴戚早雅胥囿道獸廟 失獲悅 化義帘喜 形
精恩 庶獲 百食 修尤上林
義差衍 衍榛 瀕世勢絕 得食 休遊哀二世
州留游浮 旄髻搖綢浮 延卷顏 倚進消求 東光陽皇方行 旗娭疑
馳離離磔一作魁 河沙夷師危歸 止母使害 周都 霞華 厲沛遊 垠
門天聞存大人
虞居 人親 心音宮臨風淫陰音襜闇吟南中宮崇窮音 梁撑梁將光章
綱英楊堂房長揚卬橫徨殃脉昏旁亡光方霜更明忘長門
世譏外 征攘 被靡 駹卭 榆蒲 報造 都夫徒 勞毛 齪俗悅
議規地 國域 至微 位序 辜奴 溥㢋已慕雨涕已 爽明 此彼體
福 三音 廓澤難蜀
民秦聲君存前聞傳見覯 唐戎隆成聲終 泉羨散埏潤 遊末沒晰懌內
獸獸沼 館變禪 譓摯二 變見 榮成 記幾 神尊榮民 術事

文窮 議事富 油游 滮育畜 雨澤濡濩 熙思來邁哉 獸囿嘉 態
來 徵興 時祀祉有 升熿烝乘 誯戀 衰危祗遺封禪
雅故男闓生謹案此下先公治小學之稿纂述未竟謹依次編入
才生魄晉書夏侯湛傳 其命孔子閒居夙夜其命 兆祀表記后稷兆祀 徂暑鄭
箋徂始也 祖洽孔子閒居無以祖洽于衆也 林蒸平都相蔣君碑於穆林蒸賓
乾所生以上君 恢郭公羊傳郎恢廓 紘議漢書 彭魄以上始旁薄旁勃盤礴盤魄皆同郝氏說
介德逸書武順篇集固介德 純殷靈光殿賦承蒼昊之純殷 緐無說文庶草緐
無墳首詩牂羊 亦世後漢注作不顯奕世 戎功詩烈文 石畫匈奴傳石畫之臣
甚眾 碩交文選明棄碩交 濯征詩 寬宇逸書寶典七寬弘是謂寬宇 裔宇荀子
裔宇鬼瑣 窅石上林賦 窅谷韓詩在彼窅谷 淫濯七發血脈淫濯 甫甫詩 佛詩佛
時仔肩 廢虐列子廢虐之主 華廢逸書官人篇華廢而誣 幼將鄭射義幼將孝
弟 閉尾書大傳閉尾倍其身 劉韓詩劉彼甫田 昄昄韓詩威儀昄昄注善皃 戴
戴說文戴戴大獻 業業毛傳壯也 豫帘賈誼傳非有豫室之埶以豫

劭注廣大也以上大撫文王世子君王其終撫諸幠郭注遂幠大東方之毛詩鵲巢駿
蒙荀子爲下國駿蒙楊注厚也以上有砥屬史記莫不砥屬鄭玄禮記注今文至爲砥
極魯語齊莊則夕極乎魯國艐路司馬相如傳蹋以艐路兮恪言逸書小開武非
時罔有恪言卽恪言來摧東京賦五精帥而來摧詹思玄賦黃靈詹而訪命兮以上至
廷左傳君使子展廷勞于東門之外卽往字嫁列子子列子居鄭圃將嫁于衛
且毛詩士曰既且釋文音徂又同䢐見說文高遰賈生賦鳳漂漂而高遰兮漢書
作逝夏小正遰鴻雁傳遰往也以上往來少年饋食禮來女孝孫鄭注來讀曰釐賜也
理史記于其大理女贛淮南要略一朝三十鐘贛又道應訓桓公贛之衣冠而
見況魯語況使臣以大禮郝云古止作兄以上賜章義緇衣章義癉惡若宥漢禮樂志
神若宥之不詳逸書皇門作威不詳淮南說林六畜生多耳目者不詳鮮詩鮮
我方將誓釋文鮮本或作誓沈云古斯字嘉生漢郊祀志故神降之嘉生需終
廣川書跋載叔絲鼎銘文又舉鼎銘需始需終通作令不若郭注引禁禦不若
有類荀子其言有類呂覽重言篇引高宗之言曰余唯恐言之不類也賴孟子

多賴价人郭注引作介人以上善序考工記則厚薄序也順左傳以順則公子堅長緒
正張蒼傳緒正律歷以上敘緒不台史記虞舜不台不怡徐廣引書不懌五帝紀不釋馬
融尚書王不釋莊子南面而不釋然說釋鄭詩箋說釋女美喻喻廣雅俞俞聘
禮記釋文論穀梁傳諸侯皆論乎桓公注服也沈沈陳涉世家文選注引作耽
耽伏事文選誰謂伏事淺注與服同不賓楚語其不賓也久矣又相如文遺中
郎將往賓之說文作嬪以上樂服遾命儀禮遂遾命鄭注循也不率左傳今鄭不率不遾
詩報我不遾帥覲禮帥乃初事以上循靖之詩俾予靖之曲靜筦子曲靜之言不可以
爲道尹知章注靜謀也莫之詩聖人莫之舒究詩不舒究之茹詩不可以茹慮
韓非白公勝慮亂又越慮伐吳初基書周公初基邠穀梁邠公也以上謀義刑楊倩碑
追念義刑刑范荀子刑范正辟言詩辟言不信中辟書大傳犧牲中辟律樂記
律小大之移史記作類以上法辜人莊子至齊見辜人焉以上皐孚卯徐鉉鳥之孚卯皆如其
期方言作抱符甲史記萬物剖符甲而出怐蒙大戴爲下國怐蒙盡慎禮器有
所竭誠盡慎者以上信誠謯謯詩無然謯謯以上謯遄楊雄遄不可載矣于又于胥德兮麗萬世

於于 列子於于余一人 于差 毛詩韓非作吁嗟 以上于 那 國語吳人之那不穀 那那 郛
注今人云那那也 都 相如文終都攸卒 以上於 欲 太元上欲下欲 闔 莊子夫子闔行邪
釋文亦作盍 雝 左傳憂必讐焉 雝 民 書 盍 戠 易虞翻注盍合也戠聚會也 啟會
士虞禮命佐食啟會鄭注謂敦蓋 臺敵 方言臺敵匹也 無所妃 大司樂注姜嫄
無所妃 合 左傳既合而來奔杜注答也 以上合對 詥 音 韓詩子寧不詥音 踐 韓詩王踐之
事 緝御 詩鄭箋相續代而侍 系 班彪傳系唐統 績 左傳子盍亦遠績禹功 以上繼 莫 左
傳莫其德音 莫莫然 荀子注讀為貊靜也 嫕嫕 神女賦 以上靜 磌 虛 列子若磌虛焉 隧
淮南有時而隧高注墮也 霝 說文霝雨其蒙 以上落 禮 告 徐鍇說文禧禮告也 許 吳語
乃許申胥 以上告 瑕顯 漢碑魂靈瑕顯 假冥 楊統碑文懷假冥 假爾 又假爾莫不隕涕
介狄 詩舍爾介狄 假狄 漢志假狄合處 以上遠 瘣木 說文引詩 以上毀 順 坊記女乃順之于外
又士冠禮洗有篋在西南順 延 張老延君譽于四方 劉覽 淮南劉覽偏照 旅擯
司儀 旅楹 詩旅楹有閑 臚 史表臚于郊祀 以上陳 尸 穀梁卑不尸大功 展采 相如文展
采錯事 以上采 功緒 天官稽其功緒 贊采 逸書克殷篇召公奭贊采 貫 詩三歲貫女 又
職方使同貫利 宦 石經三歲宦女 以上事 養日 養夜 夏小正 引 史記豈不欲引曹之祀

哉 有梴 詩松桷有梴 融 裔 文選笙賦泓宏融裔 洩洩 彤彤 思玄賦注融古通彤 以上長
崇酒 有司徹再拜崇酒 崇日 荀子曾不崇日 以上充 奢 西京賦麗美奢乎許史 蠭果 魏
都賦風俗以蠭果為嫿 不肩 書 大功 大司馬若師不功 又呂覽故事莫功焉 以上勝 勞
免 薛宣傳因移書勞免之 閔免 谷永傳閔免遁樂 俛焉 表記俛焉日有孳孳 沒
沒 易鄭注亹亹沒沒也 收收 大戴封禪文收收穆穆 微微 玉篇亹亹猶微微也
蠠沒 釋詁 勿勿 禮器文 侔莫 方言侔莫強也 亹 尚書 明明 王引之說 敦 楊雄文
敦衆神使式道兮 勵帥 士昏禮勵帥以敬先妣之嗣 劭農 漢書先帝劭農 勔 思
玄賦勔自強而不息 以上勉 彊力 詩載芟傳彊彊力也 不昏 書不昏作勞 以上強 妋徒 後漢書
武陵蠻相呼為妋徒猶我徒也 陽 郭注引魯詩陽如之何 卜爾 詩君曰卜爾 又
韓詩卜畀炎火 以上我予 宿賓 士冠禮乃宿賓 孟晉 幽通賦盍孟晉以迨羣 引達 律歷志
引達于寅 寅用 漢紀寅用刑名 負亮 漢書注負亮天功 迪 漢書亦迪斯文 迪嘗
禮樂志百鬼迪嘗 烝 詩烝我髦士 以上進 陶演 釋名導陶也陶演已意也 亮 詩亮彼武

王勸尙郭注勸尙相佐助道尙楚詞登立爲帝孰道尙之亹周語緝熙亶厥心
橫被馮異傳橫被四表憲憲中庸憲憲令德以上尊右照照嚴訢碑去斯照照炯介文選
炯介在明即耿介以上光假哉詩假哉天命傳固也堅楚詞堅之而不夷擅笎平準書
亶笎山海之貨堅羊易子夏傳堅羊悔亾堅然郭注堅然亦牢固之義堅莊子以
堅好惡上固訓咨魏元丕碑訓咨羣僚又劉寬碑訓咨儒林以上誰予娓韓詩誰侜予娓眭
眭泮水箋皇皇當作眭眭皇聘禮記賓入門皇注自莊盛也黃蟥呂覽缶醯黃
蟥注美也昭藐西京賦昭藐流眄穆行呂覽可謂穆行矣禕而東京賦侯其禕
而鑠金李斯傳鑠金百鎰以上美咼氏淮南咼氏之璧古和字輯輯束皙詩輯輯和風
相汁西京賦五緯相汁以上和重身素問人有重身邶說文邶成五服崇降書丕乃崇以
上重降罪疾不㱿管子剛而不㱿尹知章注薄也史記雖監門之養不㱿于此無賜
西征賦若循環之無賜方言盡也幾卒魯語民庶幾卒大泯左傳是大泯曹也
窒說文瓶之窒矣拔來報往少儀鄭注來往所之不可卒也以上盡枹廣韻枹有三桸
莖葆呂覽得時之稻大本而莖葆廣雅茂也本蕁毛傳本謂本蕁又西京賦苯

蕁蓬茸繁蕪說文庶草繁蕪又晉語不能蕃廡最眾樂記鄭注云會以最眾歛
然荀子歛然聖王之文章具焉以上豐保列子人將保女矣旁逑說文旁逑僝功弗摟
玉篇弗曳弗摟婁驕詩式居婁驕聚僂莊子死得於滕楯之上聚僂之中聚僂
楯椁也蓼薪韓詩蒸在蓼薪眾薪也拘摟郭注摟猶今言拘摟聚也摟牢董卓
傳剽虜資物謂之摟牢以上聚肅禮運刑肅而俗敝注駿也五行傳側匿則侯王其肅
注急也齊給書大傳多聞而齊給荀子亦有此字說苑作資給齊怒楚詞反信
讒而齊怒戚速考工記不微至無以爲戚速也即蹙速不僂公羊傳夫人不僂
僂售荀子責之不可僂售也振訊毛詩傳莎雞羽成而振訊之憯速墨子鬼神
之誅若此憯速也遂禮大傳遂奔走駿作弟子職若有賓客弟子駿作以上疾速批亢孫
臏傳批亢擣虛滕易滕口說也康爵詩酌彼康爵康筤說文屋康筤也棣梁長
門賦委參差以棣梁以上虛郝說即康筤媿女武梁祠碑無鹽媿女即醜字蠅蠅書大
傳禾黍蠅蠅即洋洋油油楚詞注河水油油亦即洋洋觀詩奄觀銍艾不儺說
文受福不儺有難詩其葉有難以上眾多束理荀子安燕而血氣不惰束理也汝綸案楊

注東事理非也此東當爲鍊理當爲肌理之理以上擇 懼然 莊子南榮懼然顧其後本
亦作㦝 振敬 史記振敬六德 愯 說文引左傳駟氏愯 竦 長楊賦整輿竦戎 蛩烘
方言蛩烘戰慄也 疊山 吳都賦鉦鼓疊山 振疊 劉逵吳都賦注以上懼 則劬 內則見于
公宮則劬 熏胥 韓詩熏胥以痛 醮顇 說文左傳作蕉萃一切經音義又作燋悴
秏顇 荀子勞苦秏顇莫甚焉 愈愈 詩憂心愈愈 鼠思 詩箋鼠憂也 𢡈𢡈 說文𢡈
人𢡈𢡈 不猶 詩其德不猶箋云當作瘉 札瘥 左傳國語并有以上病 懮懮 楚詞傷余心
之懮懮 養養 詩傳憂也 無寫 方言凡言相愛憐謂之無寫邵說猶無恙以上憂 肄 詩既
詒我肄 廑身 漢書廑身從事 膚膚勞勞 荀子大略篇 瘽人 郭注哀我瘽人勤詩
序出車以勞還杕杜以勤歸 來之 孟子强教 詩毛傳樂以强教之事 淮南事其
神而嬈其精又事而身弗伐 謂謂然 釋名猶約敕不自安謂謂然也 不謂 詩遐
不謂矣 踐修 左傳踐修舊好又士相見禮不足以踐禮邵說與翦同 萕 易釋文
以其萕征吉以上勤勞 鬱悠 方言鬱悠思也郭注猶鬱陶 攸攸 釋文攸攸我里 極攸 司農
劉夫人碑極攸遠索 酷懇 洞簫賦憤伊鬱而酷懇郝說懇與愁同以上思 富謙 劉修碑

桐城吳先生日記 纂錄上 四十

鬼神富謙 祓戩 方言福祿謂之祓戩 弗 鄭箋以弗無子 祈褫 東京賦祈褫禳災
庬褫 思玄賦蒙庬褫以拯民以上福 煙祀 史晨奏銘以供煙祀 不似 孟仲子引詩於穆
不似文心雕龍作不祀 已事 虞翻易作祀事以上祭

通假

始 治 書在治忽史作來始滑漢志作七始詠
哉 才 𢦏 書茂哉釋文作茂才 又張平子碑往才汝諧詩陳錫哉周左作
載
胎 殆 迨 台 詩殆及公子同歸毛訓殆始也釋文殆作迨 孫炎爾雅本或胎
作台
俶 埱 孰 說文埱一曰始也 釋名荊豫人謂長婦曰孰孰祝也祝始也
權輿 蘿蕍 王念孫說
基 其 朞 詩夙夜基命戴記作其命書漢石經不丕其鄭儀禮注古文基爲
期 諆玉篇 諅廣韻

蘳扉　說文兆戴記
祖且　金石文字　阻尚書　徂詩徂暑
烝蒸　釋文
廓擴　孟子　郭公羊
宏閎　月令　紘漢書　谹一切經音義
溥普　孟子　鋪詩　敷韓詩　旁說文
介夵　說文
純奄　說文　湆鄭語
嫵膴　儀禮　廡晉語　無說文　荒毛詩　膴釋文　蕪同模
厖蒙　方言
墳頒　說文　賁詩賁鼓
嘏格　鄭儀禮注　假禮釋文　夏鄉飲酒義　嘉中庸
丕不　石經　不石經

奕亦　詩　亦世
洪洚　說文　鴻史記
誕亶　詩　單詩　展禮注
駿峻　禮記　浚書　俊夏小正　遂大傳　徇史記　恂大學注
京景　白虎通
碩石　漢書
訏芋　方言　盱韓詩　吁詩釋文　于檀弓　宇本經　忬說文
穹空　韓詩
壬任　毛詩
路輅　後漢注
甫誧　說文　圃韓詩
廢奔　說文　奘玉篇　駴大同　佛毛詩
壯奘　將鄭禮注

北 [illegible] 注
[illegible] 說文 [illegible] 大 同 [illegible] 毛詩
甫 [illegible] 說文 [illegible] 韓詩
路 [illegible] 後漢 注
王 [illegible] 毛詩
容 [illegible] 韓詩
許 [illegible] 方言 [illegible] 韓詩 [illegible] 詩 [illegible] 文 于 [illegible] 石 [illegible] 字 本 經 [illegible] 說文
偵 石 漢書
京 景 白虎通
[illegible] 後書 後 夏小正 [illegible] 大傳 [illegible] 史記 [illegible] 大學 注
[illegible] 詩 [illegible] 詩 [illegible] 注
[illegible] 說文 [illegible] 史記
[illegible] 許 [illegible] 正
[illegible] 先生 日記 [illegible] 上 [illegible]
[illegible] 不 石經
[illegible] 說文 [illegible] 注 [illegible] 釋文 [illegible] 中庸
[illegible] 說文 [illegible] 詩 [illegible]
[illegible] 方言
[illegible] 儀禮 廣韻 [illegible] 說文 [illegible] 毛詩 [illegible] 釋文 [illegible] 同 [illegible]
[illegible] 說文 [illegible] 語
[illegible] 文
[illegible] 詩 [illegible] 韓詩 [illegible] 說文
[illegible] 月令 [illegible] 漢書 [illegible] 一切經音義
[illegible] 孟子 [illegible] 公羊
[illegible] 文
[illegible] 金石文字 [illegible] 尚書 [illegible] 詩 [illegible]
[illegible] 說文 [illegible]

僩閒 書大傳 閑 薛君韓詩 莇 詩釋文

菿倬 毛詩

昄反 毛詩

晊郅 古文 𢧢 說文 至 釋文本

蓆席 漢書

憮撫 禮記

厖蒙 荀子

至致 禮器 莊子釋文 砥 聘禮記注 之 詩傳 止 同

迄訖 說文 忔 詩

赴訃 既夕注 傅 詩箋

来戾 大學注

弔迅 說文

艘屆 孫炎說 戒 商頌傳

格假 說文 徦 方言 假 史記 漢書 䚝 儀禮 恪 逸周書

往睢 釋名 迋 說文 旺 廣雅 皇 泮水箋 煌 斯干箋 王 聘禮注 黃 呂覽注

如于 詩

徂退 說文 且 詩傳 𧻚 說文 𧻚 玉篇

莅遴 史記 說文

賚來 鄭詩箋 釐 鄭禮注 理 史記

貢贛 說文

䫉況 國語 兄 郝說 古止作況

善繕 易釋文 詩箋

儀義 周禮注 故書

祥詳 易釋文 羊 說文

埱俶 說文

鮮鱻 說文 譬 釋文本 尠 郭音義 斯 鄭詩箋

臧藏易釋文戕詩釋文將廣雅

令靈詩箋霝廣川書跋引金石文字泠莊子泠然

類戾廣雅頪孟子

彀句詩釋文彀本經

攻工詩傳

介价詩佳廣雅

敘徐毛詩緒莊子釋文

舒荼考工記注

順循大射儀注訓史記法言

怡台說文夷釋言文嗣孚說文詒韓詩似詩傳箋

懌繹詩釋文釋說文醳史記

悅說顏氏家訓兌禮記注書釋文

欣訢說文忻史記

衎侃論語孔注

喜憙說文史記漢書劉寬碑僖說文熙文選注娭說文

愉媮漢書俞聘禮釋文喻喻廣雅娛說文虞白虎通瘉舊注愈瘐漢書諭穀梁

豫預玉篇與一切經音義譽呂覽注

愷凱禮記注豈詩傳

康慷文選注忼說文

妉媅說文湛方言耽詩釋文沈文選注

般昪說文弁詩槃詩考槃盤書文選注

服伏文選注

釋醳史記

賓嬪說文

遹聿、戴記吹說文曰毛詩述孫炎說

率遳說文衛玉篇律釋言蘓廣雅帥韓詩鄭禮注

靖靜 𥩟子 竫說文
惟維 經典常見
漠莫 毛詩 𤀨古音同 謨詩釋文
洛諾 詩釋文
諏詛 禮注
如茹 釋文 猷猶詩 由易釋文
謀敏 中庸注
訪邡 穀梁
常長 詩箋 嘗禮釋文 裳說文 商說苑史記
庸甬 廣雅
夏楷 書疏 槼文選注
刑型 說文 形漢碑
範笵 說文 范荀子

律類 史記
矩巨 說文 榘楚詞 距考工注 萬輪人注
辜故 漢書 固鄭禮注 錮文選注 假詩傳
壽儲 史記 疇書釋文
鯢兒 鮐台 并詩
孚抱 方言 苻史記
諶訦 方言 忱詩
亮諒 說文 涼毛詩
詢恂 說文 洵毛詩
誠成 論語
敖傲 說文
粵越 書
于乎 列子 吁薛章句 於經典通用 烏說文

于平列于卯字詳章句 攷 經典通用 急 說文

與 泥 書

荒 俶 說文

誠 成 論語

簡 間 說文 簡 間 毛詩

遺 隨 說文 遺 隨 毛詩

讓 讀 方言 讓 流 詩

孚 撻 方言 孚 史記

鷸 兒 鷸 合 并詩

譜 備 史記 譜 書 釋文

辜 故 漢書 固 鄭 禮注 錮 文選注 假 詩傳

經 巨 說文 經 楚 詞 經 考工注 經 萬 輪人注

律 率 史記

柳 城 史記 先生日記

〈纂 上〉

鏡 競 說文 流 荀子

刑 型 說文 形 漢碑

夏 稽 書疏 夏 見 文選注

庸 傭 廣雅

當 夏 詩箋 當 禮釋文 棠 說文 商 說苑 史記

防 坊 穀梁

謙 鹹 中庸注

知 詞 釋文 故 鄉 詩 由 易釋文

誠 諴 禮注

恪 諮 詩釋文

寬 貫 毛詩 無 古音同 寘 詩釋文

惟 維 經典常見

詁 學 于 史 讀 文

都諸禮注史記
繇猷書由詩搖郝說愮方言陶廣雅媱一切經音義悠詩傳愈同窳一切經音
義
敆欱太平部佮說文洽詩祫公羊傳詩釋文
盍嗑序卦闔一切經音義
仇逑說文雠三蒼酬書釋文嚋國語訓魏碑譸聲類
會佮說文
合荅左傳詥說文
敵適論語釋文嫡釋名
妃嬔文選注
纂纘詩踐韓詩
緌甤漢書禮注綏禮釋文
續緝說文輯文選注揖史記戢孟子集新序咠文選注

係系說文繫易釋文
氣瘛說文
謐溢本經侐說文恤左傳卹說文
貉貊詩傳莫左傳荀子嗼廣雅貘韓詩
頠婉文選注
寕宓說文謐賈子
隕碩本經實公羊
墜隊說文𡏳同隧荀子淮南
摽受說文莩漢書孳孟子蕈漢書注殍同
靁零說文靁同苓禮釋文洽漢碑
告鞠漢書
禧釐漢書
眕眡篇韻眕郝說祗禮注

誶訊 王引之說

誥告 周禮注 佶 史索隱 𠂰 書釋文

愮遥 說苑

迴洞 詩傳 貧 韓詩 洵 毛詩

違回

遐瑕 詩傳表記 假 集韻 遐 漢碑 遐 同

逷逖 易 狄 漢書 易 史索隱 簡易 翟 淮南 簡翟

闊越 小爾雅

壞敹 說文 瘣 同

垝陒 漢書

陳敶 說文 引 滑 釋文 行葦 鄭氏禮注 厥 鄭禮注 弦 方言

矢屎 廣雅 肆 詩疏 雉 本經 薙 周禮釋文 夷 周禮注 陳 公羊 緆 周禮 紖 說文

劉摺 說文 抽 或作 膢 漢書 鎦 說文

旅臚 周禮注 魯 史記

服復 喪大記注

永羕 邵 說文本經 養 夏小正 漾 韓詩

延梴 挺 并說文

融彤 文選注 融 海賦

喬橋 詩釋文 嶠 釋名 僑 左傳釋文

嵩崧 釋名毛詩 崇 國語 崈 漢書 宗 同 終 書馬本作崇

奢奓 說文

果倮 蒼頡篇 過 莊子釋文

剋勀 說文 克 同 刻 釋名

戡堪 晉語墨子 戕 說文 龕 文選注

殺弑 鄭禮注

勉免 漢書 俛 表記

亹亹釋文沒易鄭注勉韓詩畋大戴𢟍孟子微玉篇娓徐鉉俱韓文

黽孜　黽勉郭注密勿韓詩僶俛文選注懋慔釋訓侔莫方言文莫說藥龘蠠䆬

釋文

沒勿禮記

孟黽趙岐傳蘉書明王引之說

勖冒書釋文畜坊記懋書石經茂本經忞文選注𢟍荊說

勔愐說文僶釋黽同

強勥說文彊同

務孜說文務本經勱埤蒼

昏愍鄭禮注暋書鄭注又本經忞說文閔孟子

卬姎郭注

身信大宗伯注神含文嘉申釋名伸說文

昇俾逸周書埤方言鼻公羊

肅宿士冠禮速鄭禮注夙詩箋

誘羑說文羑同牖詩

迪軸詩傳

勵勸說文

右佑中庸祐易係辭侑易荀本

光桄釋言廣詩傳橫漢書

顯㬎說文憲中庸

昭炤禮釋文照穀梁釋文

晧昊釋文顥三蒼

頻耿說文炯同

劼硈釋文

鞏管史記

擥堅公羊釋文牽易子夏傳掔廣雅堅說文硜論語

美媄周禮娓韓詩
藐藐說文眇楚詞注珉韓詩
休烋玉篇
褘委文選注
爍爍方言注
和龢說文盉同咼淮南注瑀文選注
諧龤說文
協叶周禮注叶漢書汁西京賦勰釋文
雝雍漢書噰容經篇嗈選注廱釋訓
燮𤎺穀梁
加駕莊子崔本
觳觳史記集解觳儀禮注
悉洗書釋文㴩方言斯詩傳賜西征賦傷三蒼

磬磬樂禮注罄說文
畢戩說文趕繹郝說必同
鑿鑿釋文
豐豐說文封
苞包書釋文枹廣韻葆通俗文茂廣雅戊說苑
聚宸樂記注取易荀本叢說文撮莊子崔本最莊子釋文
揫揫說文遒詩箋酋周禮注緧釋文
蒐搜說文廋公羊獀祭義
裒捊說文捨玉篇抱同褒禮記釋文保莊子
鳩勼說文逑同救同求方言
樸茇詩箋蓑禮注柳釋名僂莊子蓼韓詩屢釋文
齊資說苑齋楚詞淮南注
道頫易荀本

[illegible]讀 易音本

齎資 說苑 齎 楚詞 注 淮南 注

[illegible] 詩箋 遵 禮 注 柳 釋名 [illegible] 莊子 [illegible] 韓詩 [illegible] 釋文

鳥列 說文 述 同 [illegible] 求 方言

艮抒 說文 [illegible] 干 篇 [illegible] 同 [illegible] 禮 古 釋文 保 莊子

[illegible]授 說文 [illegible] 公羊 [illegible] 義

[illegible] 說文 [illegible] 詩箋 西 周禮 注 [illegible] 文

[illegible] 樂記 注 取 易音 本 [illegible] 說文 [illegible] 莊子 [illegible] 本 [illegible] 莊子 釋文

[illegible] 書 釋文 [illegible] 廣韻 [illegible] 通俗文 [illegible] 廣雅 [illegible] 說苑

[illegible] 說文 [illegible]

[illegible] 釋文

[illegible] 說文 [illegible] 同

[illegible] 樂記 注 [illegible] 說文

[illegible] 吳先生日誌 纂錄 上

[illegible] 釋文 [illegible] 方言 [illegible] 詩傳 [illegible] 西征賦 [illegible] 三倉

[illegible] 史記 集解 [illegible] 儀禮 注

[illegible] 莊子 音 本

[illegible]

[illegible] 漢書 [illegible] 選 注 [illegible] 釋詁

協叶 周禮 注 叶 漢書 十 西京賦 [illegible] 釋文

[illegible] 說文

[illegible] 說文 盉 同 [illegible] 淮南 注 [illegible] 文選 注

[illegible] 方言 注

[illegible] 文選 注

林[illegible] 王 篇

[illegible] 說文 [illegible] 楚詞 注 [illegible] 韓詩

[illegible]

遒敎 考工注 侄 說文 趣 祭義注 遡 呂覽
亟極 說文 極 荀子 苛 釋文 輮 詩 革 檀弓
迅訊 詩傳 駿 公羊釋文
疌疌 釋文 簪 易釋文 揩 京 臧 馬 宗 荀 戠 虞 憯 墨子
鋻叔 說文
阬亢 史記
隍堭 易子夏傳 湟 姚本
慷穅 謚法解 康 詩釋文 歑 說文 康 釋文 糠 文選注 荒 釋文 荒 說文 稅 玉篇
黎莉 韓敕碑 棃 桐柏廟碑 犁 三公山碑
醜媿 武梁祠堂畫像碑
洋蝇 方言 油 楚詞注
懼矍 莊子釋文
那難 詩傳 儺 同

戰顫 淮南
慄栗 論語 溧 說文
震振 史記 祇 石經
驚警 選注
戁赧 國語注 戁 說文 儺 同
竦悚 說文 慫 同 聳 方言 𢥞 漢書 悚 字林
恐烘 廣雅 兇 左傳
悟懾 說文 儡 廣雅 慹 說文 讋 同 疊 詩傳
痡鋪 釋文
瘏屠 廣雅
顇瘁 詩傳 悴 說文 萃 詩釋文
瘽懃 釋文 勤 郝說 廑 漢書
鰥矜 史記 瘝 書 瘝 廣韻

癙鼠詩箋
癵臠說文 欒毛詩 孿選注
瘇悝說文 里詩傳 惄說文
疷祗詩傳
疵呰漢書 訾禮注 疧一切經音義
閔文儒行注 憫淮南 愍說文 湣史記 惽漢書 㖧廣雅 痻詩箋
逐軸詩箋 疛說文
疚究說文 究詩釋文
痗悔詩釋文
瘥㽨字林
痱腓詩傳
𤸃癉說文 疸同 僤詩釋文 亶同 殫淮南注 憚詩傳
瘵際易鄭注

瘼莫選注
憂優楚詞
恙養詩傳
慘懆說文 慅詩 憯廣雅
勩肄左傳 肆
卬劬郝說
來勑說文
事士仕
謂彙易 蒷易古文
悠攸釋文 遙說苑
傷愓說文 愼方言 慯同
惄愵韓詩 憵文選
福富漢碑 禒鄭禮注

祉徵 漢書 姒周語注
履禮 易釋文韓詩 禮坊記
祓茀 詩箋 茀同
禧釐 漢書 僖選注
禋煙 書大傳
祀似已以 易已事虞作祀事詩不已孟仲子作不似劉熙作不祀 祠 詩釋文
禴礿
男闓生謹案已上爾雅已下說文

說文指事例

敘曰指事者視而可識察而見意上下是也 一惟初太極道立於一造分天地化成萬物 丄高也此古文丄指事也 丅底也从反丄爲丅 三數名天地人之道也於文一耦二爲三成數也

說文形聲例

敘曰以事爲名取譬相成江河是也 丕大也从一不聲 帝諦也王天下之號从二朿聲 旁溥也从二闕方聲 禧禮吉也从示喜聲 祐助也从示右聲 祇敬也从示氏聲 禔安也从示是聲 祕神也从示必聲 禋絜祀也一曰精意以享爲禋从示垔聲 祪祖也从示危聲 祔祖也後死者合食於先祖从示付聲 祖始廟也从示且聲 𥛱門內祭先祖所旁皇也从示彭聲詩曰祝祭于𥛱 祉以豚祠司命也从示比聲漢律曰祠祉司命 祠春祭曰祠品物少多文辭也从示司聲仲春之月祠不用犧牲用圭璧及皮幣 礿夏祭也从示勺聲 禘諦祭也从示帝聲周禮五歲一禘 祼灌祭也从示果聲 𥛚數祭也从示毳聲 𥛜祝𥛜也从示留聲 祓除惡祭也从示犮聲 祈求福祭也从示斤聲 禱告事求神也从示壽聲 禜設緜蕝爲營以禳風雨霜雪水旱厲疫於日月星辰山川也从示从營省聲一曰禜衛使災不生 禳磔禳祀除厲殃也古者燧人禜子所造从示襄聲 禪祭天也从示單聲 禦祀也从示御聲 䄑祀也从示昏聲 禖祭也从示某聲 祴宗廟奏祴樂从

示戒聲　禡師行所止恐有慢其神下而祀之曰禡从示馬聲周禮禡於所征之地　禂禱牲馬祭也从示周聲　禓道上祭从示昜聲　祲精氣感祥从示侵省聲春秋傳曰見赤黑之祲是　禍害也神不福也从示咼聲　祙地反物爲祙从示芺聲　禁吉凶之忌也从示林聲　禫除服祭也从示覃聲

說文會意例

敘曰會意者比類合誼以見指撝武信是也　一部天至高無上從一大

示部首 天垂象見吉凶所以示人也从二三垂日月星也觀乎天文以察時變示神事也　祭祭祀也从示从手持肉　祀祭無已也　祫大合祭先祖親疏遠近也从示合周禮曰三歲一祫　祝祭主贊詞者从示从儿口一曰从兌省易曰兌爲口爲巫　社地主也从示土　祟神禍也从示出　祘明視以筭之从二示　王天下所歸往也董仲舒曰古之造文者三畫而連其中謂之王三者天地人也而參通之者王也孔子曰一貫三爲王　閏餘分之月五歲再閏也告朔之禮天子居宗廟閏月居門中从王在門中周禮王居門中終月也

皇大也从自王自始也始王者三皇大君也自讀若鼻今俗以始生子爲鼻子　王石之美有五德者潤澤以溫仁之方也䚡理自外可以知中義之方也其聲舒揚尃以遠聞智之方也不撓而折勇之方也銳廉而不忮絜之方也象三玉之連丨其貫也　玊朽玉也从王有點讀若畜牧之畜

說文形聲兼會意例

段注凡言亦聲者會意兼形聲也　吏治人者也从一从史史亦聲　禛以眞受福也从示眞聲　神天神引出萬物者也从示申聲　祇地祇提出萬物者也从示氏聲　祀祭無已也从示已聲　柴燒柴尞祭天也从示此聲　禷以事類祭天神从示類聲　祰告祭也从示告聲　祏宗廟主也周禮有郊宗石室一曰大夫以石爲主从示从石石亦聲　禬會福祭也从示从會會亦聲周禮曰禬之祝號　祳社肉盛之以蜃故謂之祳天子所以親遺同姓从示辰聲春秋傳曰石尙來歸祳

說文轉注例

敘曰建類一首同意相受考老是也　二高也　一底也　祜無注段補曰祜福也　祿福也段曰詩言福祿多不別商頌五篇兩言福三言祿大恉不殊　禎祥也　祥福也　祉福也　福備也案福不訓上數字者以上數字轉注自明故特以福備古訓爲言　祭祀也　祀祭無已也　祡燒柴尞祭天也示部　尞柴祭天也火部　祏宗廟主也示部　宔宗廟宔祏也宔部

說文段借例

敘曰本無其字依聲託類令長是也　示部禮履也段注此段借之法屨履也禮履也履同而義不同　祕神也注閟宮箋閟神也此假借閟爲祕

說文省聲例

注凡字有不知省聲則昧其形聲者如融蠅之類是　齋从示齊省聲　禱古文禱从䨻省　𥛺古文祡从隋省　禜从示从營省聲　禂或从馬壽省聲

祲从示侵省聲　𥜶籀文祟从䨻省

說文讀若例

注讀若者擬其音也　示部𥜻讀若春麥爲𥜻之𥜻　祘讀若筭

說文一曰或例

禋絜祀也一曰精意以享爲禋　禩祀或从異今已借爲异通作異故祀或从異　祊鬃或从方　祏宗廟主也周禮有郊宗石室一曰大夫以石爲主　祝祭主贊詞者从示从儿口一曰从兌省易曰兌爲口爲巫　禂从示周聲騳或从馬壽省聲

說文引書例

易曰禔既平注氏是同部得相假借禔　虞書曰至于岱宗祡祡　詩曰祝祭于鬃鬃　漢律曰𥛸司命𥛸　仲春之月祠不用犧牲用圭璧及皮幣祠　周禮曰五歲一禘禘　周禮曰三歲一祫祫　易曰兌爲口爲巫祝　周禮曰禬之祝號禬　春秋傳曰石尚來歸祳祳　周禮禡于所征之地禡　春秋傳曰共工之子句龍爲社社　周禮二十五家爲社　春秋傳曰見赤黑之祲祲　逸周書曰士分民之祘均分以祘之也祘

說文雙聲例

二部旁溥也段注旁讀如滂與溥雙聲　示部神天神引出萬物者也　祇地祇提出萬物者也段注天神引三字同部地祇提三字同部 案此二條當入疊韻　祈求福也段注祈求雙聲　禍害也

說文疊韻例

一部天顛也　吏治人者也段注吏與治疊爲訓　二部帝諦也　示部禮履也　福備也　祊門內祭先祖所旁皇也段云祊旁皇三字疊韻　祠春祭曰祠品物少多文辭也段云祠辭疊韻　禘諦祭也　福祝福也　禱告事求神也段云禱告求三字疊韻　禜設緜蕝爲營段云禜營疊韻　祳社肉盛之以蜃故謂之祳注蜃祳疊韻　禂禱牲馬祭也　祘明視以算之从二示注示與視算皆疊韻

男闓生謹案此稿未畢別一稿附後

指事　指事者視而可識察而見意二一是也　注劉歆班固首象形次象事一　指事之別于象形者形謂一物事晐衆物　兩文爲會意獨體爲指事　一惟初太極道立於一造分天地化成萬物 部首　二高也此古文上指事也 部首　二从反二爲二 二部

象形　象形者畫成其物隨體詰詘日月是也　注有獨體之象形有合體之象形獨體如日月水火是也合體如眉从目而以𠃌象其形箕从竹而以𠀠象其形衰从衣而以𠂹象其形䍜从田而以𢎘象耕田溝詰詘之形是也此等半會意半象形一字中兼有二者會意則兩體皆成字故與此別

形聲　形聲者以事爲名取譬相成江河是也　注劉歆班固謂之象聲　以事爲名謂半義也取譬相成謂半聲也其別於指事象形者指事象形獨體形聲合體其別於會意者會意合體主義形聲合體主聲　有亦聲者會意而兼形聲也有省聲者既非會意又不得其聲則知有某字爲之聲也　元从一兀聲 一部　丕从一不聲　吏从一从史史亦聲 會意兼形聲　帝从二朿聲 二部　旁从二方聲　禮从示从豊豊亦聲 會意兼形聲 示部　禧从示喜聲　禄从示彔

聲　禠从示虒聲　禎从示貞聲　祥从示羊聲　祉从示止聲　福从示畐聲　祐从示右聲　祺从示其聲

會意　會意者比類合誼以見指撝武信是也注凡會意之字曰从人言从止戈人言止戈二字皆聯屬成文不得曰从人从言从止从戈然亦有本用兩从字者　有似形聲而實會意者如拘鉤笱皆在句部不在手金竹部莽莫葬不入犬曰死部茻料不入丼系部之類　劉歆班固作象意　天至高无上从一大一部　吏从一史　示天𠂹象見吉凶所以示人也从二三𠂹日月星也觀乎天文以察時變示神事也部首　禛以眞受福也从示眞聲兼形聲

說文段注舉正

第十五卷　著於竹帛謂之書　注古用竹木不用帛用帛蓋起於秦　今案秦始用紙用帛不始於秦也論語子張書諸紳則古人已書帛矣

周禮八歲入小學　注周禮無八歲入小學之文因保氏並系之周禮　今案下文始引保氏而謂此八歲入小學爲因保氏併系古人無此引書例也此所謂周禮蓋周時之禮即大戴保傅所言八歲出就外舍者是也保傅篇亦見賈誼書而稱爲學禮曰云云則所記當從周禮采錄非今之周官禮也

著大篆十五篇與古文或異　注引孟康云史籀所作十五篇古文書謂古文二字當易爲大篆　今案下文注古文大篆二者錯見秦書八體不言古文知已包大篆中王莽改定古文六書不言大篆知古文奇字二者已包大篆據此則古文大篆本可通稱孟康所言古文即許君所言大篆不必改易注又云呂氏春秋謂倉頡造大篆是古文亦可偁大篆之證然則古文可稱大篆大篆不可稱古文邪

諷籀書九千字乃得爲史　注諷謂能倍誦尉律之文籀書謂能取尉律之義推演發揮而繕寫至九千字之多　今案許君明言諷籀書段氏必引竹部解籀爲讀書則諷籀書三字不詞甚矣段意以漢時閭里書師合李斯七章趙高六章胡毋敬七章并爲倉頡三篇斷六十字爲一章凡五十五章是小篆祇三千三百字大篆不應三倍於小篆故云爾不知倉頡三篇史籀所著大篆有十五

篇據許君云倉頡三篇皆取之史籀大篆則大篆不止于倉頡所取者矣以倉
頡三篇三千三百字之例約略計之則十五篇當不下一萬六千五百矣豈得
謂大篆無九千字耶此文籀書卽上文所言十五篇之大篆蓋漢承秦絕古文
之後至人不識科斗故尉律以籀書試學僮必能背誦九千字以上乃得爲史
言九千字以上見漢志 則籀書不止九千字矣藝文志諷書九千字以上無籀字
據許君此文則亦當指籀書爲言或傳寫奪籀字耳段謂背諷尉律之文非是
注自學僮十七至輒舉劾之許與班略異而可互相補正班書之成雖在許
前許不必見班書固別有所本　今案學僮十七上冠以尉律則此文乃引尉
律之文
書或不正輒舉劾之　注此以上言漢初尉律之法如此　今案已上并尉律
文自秦時古文已絕尉律所課籀書九千字蓋徒著爲令耳能諷者故少
今雖有尉律不課　注謂不試以諷籀尉律九千字也　今案謂尉律雖存而
不用其法課學僮也

小學不修　注謂之小學者八歲入小學所教也　今案近人謂小學家本此
文及班志然許君言保氏教國子先以六書則六書乃小學之一事不得謂小
學止六書也
召通倉頡讀者張敞從受之　注引藝文志倉頡多古俗師失其讀　今案上
文言倉頡等篇皆取史籀大篆或頗有改則其未省改者皆古字也
凡倉頡已下十四篇凡五千三百四十字羣書所載略存之矣　注雄所作訓
纂凡三十四章二千四十字合五十五章三千三百字凡八十九章五千三百
四十字不數急就元尚皆倉頡中字不數凡將賅于訓纂中　今案上云諷籀
書九千字以上而此云凡倉頡以下十四篇凡五千三百四十字者尉律雖存
而不課則能諷籀書之九千字亦尠矣籀書十五篇而字已在九千以上此十
四篇僅五千三百四十字者中多復字故也籀書有九千字以上而此五千三
百四十字羣書所載已略存者謂羣書所載之小篆若羣書之古文則許君始
稱之下所言易孟氏書孔氏等是也籀書自小學不修莫達其說故此但言倉

頡以下也

魯恭王壞孔子宅而得禮記尚書春秋論語孝經　注春秋經傳志不言出誰氏據許下云北平侯張蒼獻春秋左氏傳意經傳皆其所獻許以經系之孔壁以傳系之北平侯恐非事實　今案班志春秋古經十二篇左氏傳三十卷則經自經傳自傳經傳古皆別行經出孔壁傳出張蒼不必疑也許下云蒼獻春秋左氏傳者猶言左氏春秋傳耳非謂經傳兩書也又左氏公穀皆有春秋而班志之春秋古經當是與三傳別行之經志言經傳所出可据許說定之不必轉疑許也

故詭更正文鄉壁虛造不可知之書變亂常行以燿于世　注此謂世人不信壁中書爲古文非毀之謂好奇者改易正字向孔氏之壁憑空造此不可知之書正文常行世人謂秦隸書也　今案故詭更正文以下皆許君言世人詭更正文鄉壁猶言面牆虛造不可知之書卽藝文志所云破壞形體許下所云馬頭人爲長等說是也此文直貫下若此者甚衆云云段氏謂爲世人非毀壁中古文之辭遂以鄉壁爲向孔氏之壁誤矣

其建首也立一爲耑　注謂始于一部　今案立一爲耑謂每部各立一字以爲首也

同條牽屬共理相貫　注同條共理謂五百四十部相聯屬也　今案同條共理謂一部之字各以類從卽所謂凡某之屬皆從某也下云據形系聯始言五百四十部之聯屬耳

自周禮漢律皆當學六書　注于經獨言周禮者舉一以晐六藝　今案此文以周禮與漢律對舉則凡周代之書皆可爲周禮春秋傳韓宣子見易象與魯春秋曰周禮盡在魯矣是其証也

說文段注舉正

天顚也　注凡言元始也天顚也丕大也吏治人者也皆六書爲轉注而微有差別元始互言之天顚不可倒言之葢求義則轉移皆是舉物則定名難假

今案轉注云者必彼此可以互訓故許君舉考老爲例若元始丕大則本字難

明詁字易顯此但可以始大詁元丕而不可以元丕注始大者亦不可謂轉注

也若治人者爲吏則以三字訓一字尤不合轉注之例

帝諦也　今案帝諦疊韻又省諦爲朿會意也　祭祭祀也　祀祭無已也

今案此以祭祀二字轉注也　祡燒柴燎祭天也　段云柴與祡同此聲故燒

柴祭曰祡　今案此省柴爲此會意也

祪祔祪祖也　段云祔謂新廟祪謂毁廟皆祖　今案祔省附爲付祪借毁爲危

也皆會意

𥛱門內祭先祖所旁皇也　段云𥛱彷皇三字疊韻　今案此借彭爲旁亦會

意也故下云彭或作方

祠春祭品物少多文辭也　段云祠辭疊韻　今案此借辭爲司亦會意也

禜謂縣蕝爲營以禳風雨雪霜水旱厲疫于日月星辰山川也　段云禜營疊

韻　今案此从營省聲亦以營省爲𤇾會意

祳社肉盛之以蜃故謂祳　注蜃祳疊韻　今案省蜃爲辰會意也

禂禱牲馬祭也　今案禂禱疊韻

說文

旁溥也注司馬相如封禪文旁溥四塞張揖曰旁衍也廣雅旁大也籀文旁詩毛傳盛皃毛云盛皃許云溥合　以真受福　禠

福也●注張衡東京賦祈禠禳災　備　福備也注備者百順之名無不順謂備見祭統　祺　吉也注周頌維周之祺釋言祺祥也祺吉也

籀文作禥字　禔　安也注易曰禔既平翻本作祇祇即禔之段借　引提　天神引出萬物者也地祇提出萬物者也　祕　神也注

閟宮箋閟神也此借閟爲祕　絜祀　禋絜祀也一曰精意以享爲禋　以手持肉　祭無已　祀祭無已也　禩　祀或

从異注周禮注故書祀作禩杜子春鄭司農不識但云當爲祀至許乃定爲一字至魏時乃入三體石經　柴祭　祡燒柴寮祭天也注孝經說

曰封乎泰山考績柴寮　禬　古文祡或謂禬　祪　祔祪祖也注祔謂新廟祪謂毁廟　𥛱　門內祭先祖所旁皇也詩曰祝祭于𥛱或从祊

祰　告祭也注周禮六祈作造當許時容有作祰者　祠　𥙊　漢律曰祠𥙊司命𥙊以豚祠司命也　品物少多文辭

諦祭　禘諦祭也　毳　數祭也注廣雅毳謝也祭也　毳　讀若舂麥爲毳之毳注廣雅毳舂也　祝　𥛷　祝𥛷也惠士奇曰祝

𥛷即祝由也　●　祓　除惡祭也　告事求福　縣蕝爲營　禜設縣蕝爲營以禳風雨雪霜注叔孫通傳爲縣蕝韋昭注云

引繩爲縣立表爲蕞蕞即蕝也凡環市爲營營禜疊韻　●禜　子注爲子禜烖也　禬　會福祭也周禮曰禬之祝號　禦　祀也　禡

祀也　禡　祭具也　祳　社肉盛之以蜃天子所以親遺同姓春秋傳石尚來歸脤　祴　宗廟奏祴樂　禂　禱牲馬祭也注句

師馬禂
禓道上祭注急就篇禓塞精氣感祥祅地反物為祅也讀若示弄禁吉凶之忌也
自王自始也讀若鼻今俗以初生子為鼻子䚡理䚡理自外可以知中義之方也舒揚專其聲舒揚專以遠聞智之方也
注摶古專壹字此專謂專壹也銳廉忮銳廉而不忮注忮很也管子孫卿作廉而不劌瓘斝春秋傳曰瓘斝注裨竈曰
我用瓘斝玉瓚鄭必不火璠與奐若瑟若璠與魯之寶玉孔子曰美哉璠與遠而望之奐若也近而視之瑟若也孚
一則理勝二則孚勝奎瓄玉也珣玗琪醫無閭之珣玗琪注爾雅東北之美者有醫無閭之珣玗琪焉合三字為玉名駹
瓚埒禮天子用全純玉也上公用駹四玉一石侯用瓚三玉二石伯用埒玉石半相埒也鄭同玉朽玉也璿美玉也注山
海經璿瑰瑤碧竹書枝斯璿瑰引左傳贈我以璿瑰案今本作瓊瑰僖二十八年璿弁今本作瓊弁張守節史記璿璣作瓊璣多相亂車缸似琮
車缸注車轂空中不正圜為八觚形琮似之琥發兵瑞玉瓏禱旱玉抒上終葵首黎冒之似黎
注黎冠爾雅注作黎錧謂耜也節珩所以節行止也珥瑱也注國策進五珥以請立后李斯書傳璣之珥琫佩刀上飾也
注小雅鞞琫有珌王莽傳瑒琫瑒珌注佩刀之飾璏劍鼻玉也注王莽傳美玉可以滅瘢欲獻其璏瑵車蓋玉瑵注司馬彪輿服志
羽蓋華蚤張衡東京賦羽蓋葳蕤葩瑵曲莖蔡邕獨斷凡乘輿車皆羽蓋金華爪師古曰瑵讀爪往往璂弁飾也往往冒玉也注往往歷歷也
鄭云鑠鑠而處是也瑬垂玉也冕飾注弁師作游玉藻作旒皆瑬之段借玉粲之璱兮其瑮猛也琱治玉也
珨玉聲也注甘泉和氏瓏玲太玄亡彼瓏玲法言廣雅作瓏玲瑣瑝皆玉聲注瑣玉之小聲瑝玉之大聲龕蚌一曰

若龕蚌合卽蛤玪塾石之次玉者注子虛賦瑊玏玄厲瑊玪同字玏塾同字玓瓅明珠光也注司馬相傳明月珠子玓瓅江靡
玭珠宋宏曰淮水出玭珠

桐城吳先生日記卷十四終

男　闓生　謹編

門人　劉春霖　常堉璋　校刊

桐城吳先生日記卷十四

門人 校刊

男 闓生 謹編